T0270300

EL ARTE DE
INVERTIR

BORJA DURÁN

EL ARTE DE INVERTIR

LID

MADRID | CIUDAD DE MÉXICO | BUENOS AIRES | BOGOTÁ
LONDRES | SHANGHÁI

Comité Editorial: Santiago de Torres (presidente), Germán Castejón, Guillermo Cisneros, Mª Teresa Corzo, Marcelino Elosua, Almudena García, José Ignacio Goirigolzarri, Santiago Íñiguez de Onzoño, Luis Huete, Pilar López, Pedro Navarro, Manuel Pimentel y Carlos Rodríguez Braun.

Colección Acción Empresarial de LID Editorial
Editorial Almuzara S.L
Parque Logístico de Córdoba, Ctra. Palma del Río, Km 4, Oficina 3
14005 Córdoba.
www.LIDeditorial.com
www.almuzaralibros.com

A member of:

businesspublishersroundtable.com

No está permitida la reproducción total o parcial de este libro, ni su tratamiento informático, ni la transmisión de ninguna forma o cualquier medio, ya sea electrónico, mecánico, por fotocopia, por registro u otros métodos, sin el permiso previo y por escrito de los titulares del *copyright*. Reservados todos los derechos, incluido el derecho de venta, alquiler, préstamo o cualquier otra forma de cesión del uso del ejemplar.

Editorial y patrocinadores respetan los textos íntegros de los autores, sin que ello suponga compartir lo expresado en ellos.

© Borja Durán, 2023
© Editorial Almuzara S.L. 2023 para LID Editorial, de esta edición.

EAN-ISBN13: 978-84-11314-36-7
Directora editorial: Laura Madrigal
Corrección: Cristina Matallana
Maquetación: produccioneditorial.com
Diseño de portada: Juan Ramón Batista
Impresión: Cofás, S.A.
Depósito legal: CO-155-2023

Impreso en España / Printed in Spain

Primera edición: febrero de 2023

Te escuchamos. Escríbenos con tus sugerencias, dudas, errores que veas o lo que tú quieras. Te contestaremos, seguro: *info@lidbusinessmedia.com*

A la capitalización compuesta, por su magia

ÍNDICE

AGRADECIMIENTOS

Después de algo más de tres décadas invirtiendo como profesional[1] y particular y asesorando a numerosos inversores, es una satisfacción compartir este libro, con múltiples píldoras de conocimiento y experiencia acumulada, para que ayude a otros a gestionar mejor sus finanzas e inversiones personales. Un mayor dominio de la materia, junto con una mayor autoconciencia de tu situación personal, te permitirá ganar una mayor independencia financiera y lograr mejores decisiones vitales.

Prácticamente todo el contenido aquí presente se ha originado de miles de conversaciones y reflexiones con personas e instituciones donde hemos aprendido juntos gracias a sus dudas, retos y aspiraciones en lo relacionado con los conceptos fundamentales para sus respectivas organizaciones patrimoniales.

Siempre me ha gustado simplificar los contenidos financieros y de inversiones, que aparentemente son complicados, con explicaciones cercanas y ejemplos cotidianos para que los utilicen la mayoría de las personas y así evitar que se sientan excluidas del conocimiento necesario y fundamental que cada ciudadano necesita en su día a día.

Los contenidos y los ejemplos que encontrarás a lo largo de estas páginas son una mezcla de teoría y práctica para afrontar el ahorro y la inversión con un método planificado y disciplinado y así aumentar las probabilidades de éxito. Hacer las cosas bien no es condición necesaria para tener éxito, pero hacerlas mal garantiza el fracaso.

Espero que todas estas ideas te sirvan para alcanzar tus objetivos, fin último de toda gestión patrimonial. Es mi deseo que puedas, empezando por lo urgente de la gestión de tus finanzas personales, si lo haces bien, ordenar tu vida y satisfacer tus fines más íntimos.

Tengo mucho que agradecer a las personas que han colaborado en este libro, puesto que sin su ayuda seguramente no hubiera visto la luz de la manera que lo hace ahora. Quisiera empezar por mis compañeros de trabajo en Wealth Solutions y en Finletic Capital, en especial por Rafael Suárez, que ha participado muy activamente en toda la obra, destacando su contribución en los ejercicios de investigación y análisis repartidos por las siguientes páginas. También les agradezco a Rafael Juan y Seva, Jorge Coca, Amilcar Barrios, Isidoro Millán, Julio de Miguel, Jaime Iceta, José Luis Monleón y Susana Antón, entre otros muchos compañeros, que me hayan ayudado a revisar el texto y a sus numerosas sugerencias que aquí han quedado reflejadas. También agradezco a Alberto Ruiz su lectura y aportaciones.

De igual modo, me siento muy agradecido con todas las personas con las que he intercambiado ideas y reflexiones, que con su curiosidad y necesidad han fomentado un desarrollo más profundo sobre este campo de las finanzas.

Por último, pero no por ello menos importante, quisiera agradecer a mi familia, en especial a mi esposa Rocío y a mis tres hijos, Bosco, Luis y Marcos, su apoyo y motivación durante el tiempo dedicado a la elaboración de este libro.

INTRODUCCIÓN

Poseer conocimientos básicos de finanzas es fundamental para nuestra vida, ya que en multitud de ocasiones nos enfrentaremos a decisiones que tienen que ver con esta materia. La inmensa mayoría de nosotros no tendremos nunca que realizar una operación quirúrgica o hacer despegar un avión, pero todos y cada uno deberemos decidir cuánto podemos gastar en un vehículo, analizar si podemos o no comprar una casa, elegir un tipo fijo o variable para nuestra hipoteca, planificar nuestra jubilación, etc. Sin embargo, es una realidad que la mayoría de los ciudadanos tienen escasos conocimientos sobre estos asuntos y, lo que es peor, no dedican el tiempo suficiente a formarse.

Además, más allá de los conocimientos básicos de finanzas personales e inversiones, con la evolución vital aparecen otro tipo de necesidades relacionadas con el dinero, por lo que en algún momento tendremos que empezar a ahorrar y, no mucho tiempo después, deberíamos comenzar a invertir ese ahorro. De esta forma, nos protegeremos contra la inflación y, de ser posible, nuestro dinero trabajará por nosotros y crecerá con el paso del tiempo.

Cuando hablamos de invertir, las posibilidades son casi infinitas y los términos complejos, por lo que, sin la formación y dedicación adecuadas, puede ser un cóctel que no acabe del todo bien. El ser humano lleva en la tierra miles de años, pero invirtiendo en activos financieros únicamente un siglo. Nuestro cerebro y nuestro ADN están mucho más preparados para cazar o para defendernos que para invertir. La mayoría de las personas nunca han dado el paso de ahorrador a inversor y solo en los últimos años, como consecuencia de un nuevo escenario económico y financiero a nivel internacional donde ha sido prácticamente imposible obtener rentabilidad asumiendo riesgos menores, muchos ahorradores se han visto abocados a iniciarse en el mundo de la inversión.

La falta de conocimientos ha hecho que muchos hayan cometido errores importantes por un cúmulo de factores:

- **Conflictos de intereses de quienes les aconsejaban.** Han derivado en consejos no totalmente alineados con las necesidades personales. En este sentido, las diferentes entidades reguladoras de los mercados financieros, con el objetivo de reducir los conflictos de interés y de que siempre se actúe preservando el deber fiduciario, esto es, que se ponga siempre por encima el mejor interés del asesorado, están adoptando distintas medidas que beneficiarán sin duda a los inversores.

- **Peso de las emociones en su toma de decisiones.** Ha conducido al inversor a tomar decisiones de forma irracional y sin fundamento, lo que se ha visto acrecentado por el mayor eco que suelen dar los medios de comunicación a las noticias negativas respecto a las positivas. Y, por si fuera poco, el ruido se magnifica aún más cuando hay algún drama humano por medio, como una pandemia o una guerra, lo que lleva a los inversores a querer actuar con inmediatez.

- **Flujo de información incesante.** De acuerdo con las últimas estimaciones, el 90 % de todos los datos existentes se han creado en los dos últimos años, y las Naciones Unidas estiman que crezcan un 40 % anual compuesto durante las próximas décadas[1]. En consecuencia, el inversor se enfrenta a una cantidad de información inabarcable, desordenada y muchas veces compleja y/o sesgada, lo que dificulta enormemente su interpretación y posterior acción.

- **Culpa en parte de los inversores.** No todo son razones externas; en ocasiones los inversores tenemos parte de culpa, ya que *a priori* puede parecer un tema complicado y farragoso y no le dedicamos el tiempo necesario para estudiarlo y tomar una decisión más formada. Por ejemplo, mucha gente emplea más tiempo en analizar las características de un teléfono móvil, un televisor o una lavadora, que en analizar cuánto dinero necesita conseguir para su jubilación.

Tres variables fundamentales determinan el futuro económico de toda persona: cuánto dinero gana después de impuestos, qué porcentaje consigue ahorrar y cómo invierte ese ahorro a lo largo del tiempo. Si bien los tres puntos son importantes, lo habitual es centrarse en el dinero que se gana, siendo solo unas pocas las personas que llegan al segundo paso, ahorrar, y menos todavía las que se toman en serio el tercer nivel, invertir.

Los tres niveles anteriores están interrelacionados. Si se gana mucho dinero pero se gasta todo, no se puede crear un patrimonio que sirva para las épocas con menores ingresos o mayores gastos, que siempre hay. Sin embargo, es posible ganar poco y ahorrar mucho en proporción a lo ganado, invertir bien y obtener un buen resultado.

Adicionalmente, existe un cuarto elemento que no debemos pasar por alto: el tiempo, que nos introduce en lo que Einstein llamaba *la Octava Maravilla del Mundo,* la capitalización compuesta, que no es más que la potencia que ofrece la reinversión de los rendimientos en el tiempo, creando un crecimiento del patrimonio exponencial.

A modo ilustrativo, no es lo mismo invertir 100 000 € y ganar un 5 % anual, o sea, 5000 €, y reinvertirlos año a año (capitalización compuesta) que dejar esos 5000 € en la cuenta corriente sin invertir cada año (capitalización simple). En el siguiente gráfico se puede observar la diferencia entre uno y otro método a lo largo de 30 años:

Gráfico I.1 Capitalización simple frente a capitalización compuesta

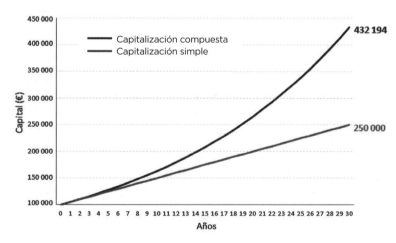

Como puede observarse, la diferencia entre reinvertir las ganancias y no hacerlo para una inversión de 100 000 € durante 30 años proporciona una diferencia de 182 194 €, siendo esta cifra creciente con el paso del tiempo.

A lo largo de las siguientes páginas te intentaré ofrecer conocimientos básicos, detallar principios de actuación esenciales y trasladar consejos prácticos para iniciar un camino seguro hacia la independencia financiera. Todo ello te ayudará a crear y a acrecentar tu patrimonio para el futuro, cuando no puedas seguir trabajando o atravieses situaciones de crisis.

Como en cualquier otra actividad, para empezar hay que dar el primer paso. Al leer estas páginas lo estás dando y, como no podría ser de otra forma, espero que el tiempo que inviertas en su lectura te sea muy útil y rentable.

1
EL AHORRO

El ahorro es la parte de los ingresos que no gastamos, es decir, el dinero que decidimos guardar para el futuro o, lo que es lo mismo, sacrificar el consumo actual por el consumo futuro.

El paso fundamental para poder ahorrar es conocer nuestros ingresos y gastos (los fijos y los extraordinarios) y, si la diferencia resulta positiva, esa será nuestra capacidad de ahorro. A lo largo de nuestra vida no siempre vamos a poder ahorrar. Surgirán imprevistos, nuestros ingresos se verán mermados por factores adversos, y hay que estar preparados para esos momentos.

Con toda seguridad viviremos temporadas en las que no podremos ahorrar y, por tanto, durante los buenos tiempos es conveniente ir acumulando fondos, aunque sea poco importe, para crear una reserva que nos cubra esas situaciones futuras. Como regla sencilla podemos decir que, de media, deberíamos ahorrar entre el 20 y el 30 % de nuestros ingresos desde los primeros trabajos para que, cuando nos retiremos, podamos vivir con el mismo nivel de vida. De momento, piensa que vivirás alrededor de 20 años después de jubilarte a los 67 años, por lo que necesitarás al menos 20 veces tus gastos anuales actuales. Por ejemplo, si gastas 20 000/año, necesitarás cerca de 400 000, y esta cantidad irá en aumento en el supuesto de que te jubiles antes.

Así pues, intenta destinar tiempo para conocer tus finanzas personales y tu capacidad de ahorro. Si por el motivo que sea no consigues ahorrar de manera habitual, seguramente estés viviendo por encima de tus posibilidades y estos hábitos acabarán por llevarte a situaciones precarias.

La utilidad que se le da al ahorro es muy diversa:

- **Protegerse ante potenciales circunstancias adversas que puedan suceder en el futuro.** Disponer de ahorro permite solventar con mayor facilidad estos imprevistos sin que afecten en exceso a la economía familiar.

- **Dormir más tranquilos.** El ahorro permite reducir el nivel de «incertidumbre», aumentado la capacidad de respuesta que tendremos cuando vayan sucediéndose los diferentes eventos. Además, ser disciplinado en el ahorro nos ayudará a tener una mayor confianza en nosotros mismos acerca del control de nuestras finanzas.

- **Tener capacidad para afrontar inversiones en el futuro.** El ahorro permitirá poder invertir en proyectos, negocios o activos que permitan un incremento de los ingresos mediante rentas y, por tanto, mejorar la situación financiera futura. Si no existe dicho ahorro, cuando aparezcan oportunidades no se podrán abordar, o se deberá pedir un préstamo, con todo lo que ello implica.

«No ahorres lo que te queda después de gastar...
¡gasta lo que te queda después de ahorrar!
Si compras cosas que no necesitas, pronto tendrás
que empezar a vender cosas que necesitas»

Warren Buffett

No obstante, el dinero con el paso del tiempo pierde su capacidad de compra porque el coste de la vida sube por el efecto de la inflación.

Se puede definir la *inflación* como el incremento de precios que se produce en los bienes o servicios durante un determinado período de tiempo. La consecuencia directa es que con el mismo dinero se adquieren menos bienes y servicios. Una inflación del 2 % en 1 año significa que, de cada 100 € que tengamos, «se destruirán» 2 € por culpa de esta, por lo que el poder de compra irá disminuyendo. Si lo extrapolamos a un período de 15 años, necesitaremos disponer de un 35 % adicional para mantener nuestra capacidad de compra.

Por tanto, ahorrar no es suficiente. Tenemos que buscar alternativas para, al menos, mantener el poder adquisitivo del ahorro generado, de tal manera que, cuando vayamos a consumir o invertir en el futuro, podamos comprar lo mismo, con independencia del tiempo que haya pasado.

La principal vía para combatir el efecto de la inflación es invertir el ahorro. Ahorrar e invertir no es lo mismo. La principal diferencia es que con el ahorro no existen sobresaltos en el corto plazo, pero a largo plazo la inflación suele drenar una parte importante de nuestro poder adquisitivo. La inversión, por el contrario, puede ser ciertamente volátil en el corto plazo, pero en el largo plazo optamos a generar un extra de rentabilidad que compensa la decisión de retrasar el consumo actual.

2

EL PASO DE AHORRADOR A INVERSOR

La humanidad lleva relativamente poco tiempo invirtiendo. Es una actividad que no tenemos integrada todavía en nuestro ADN, al contrario que las necesidades básicas, como comer, la defensa propia ante los peligros, la caza y las relaciones sociales, entre muchas otras.

Lamentablemente, la formación académica de los jóvenes no suele incluir educación básica sobre el mundo de las inversiones y finanzas personales. Seguramente esto empiece a cambiar a lo largo de los próximos años y en no mucho tiempo todos los estudiantes aprendan los conceptos esenciales para una adecuada organización financiera personal y las ideas básicas necesarias para ahorrar e invertir.

El paso de ahorrador a inversor suele asustar porque dejamos de tener un rendimiento «fijo» nominal constante. Esta rentabilidad fija nos genera una falsa sensación de seguridad pero, en realidad, si no somos conscientes del efecto desgastante de la inflación, nos iremos empobreciendo lenta y exponencialmente, dado que dicho efecto se irá acumulando en el tiempo.

EJERCICIO PRÁCTICO

La manera más sencilla para pasar de ahorrador a inversor es hacerlo poco a poco. Empecemos por pensar cuánto de todo nuestro patrimonio ahorrado no vamos a necesitar en los próximos 2 o 3 años. Con parte de este exceso podemos hacer pruebas para ir ganando confianza. Por ejemplo, asumamos que tenemos 100 unidades y que estimamos que podrían hacernos falta 30 en los 2 próximos años. Esto nos deja 70 unidades que están expuestas al riesgo de inflación y que, por tanto, sería conveniente invertir para, al menos, combatir este efecto de pérdida de poder adquisitivo.

Tomemos otras 30 unidades adicionales, por si tuviéramos que necesitarlas en los 2 años posteriores, es decir, años 3 y 4. Busquemos un depósito a plazo con una entidad bancaria o un fondo de inversión en letras del Tesoro o bonos a corto plazo, a modo de ejemplo, pero asegurándonos de que se pueda disponer del dinero con inmediatez o con un preaviso a corto plazo. Sin querer, hemos empezado a ser inversores, sin grandes riesgos, con facilidad para recuperar nuestro dinero de manera inmediata y con unas expectativas de rentabilidad moderadas, pero siempre mucho mejores que dejarlo en efectivo.

De las 40 unidades que nos quedarían disponibles (100 − 30 − 30 = 40), podríamos destinar 20 a un conjunto de inversiones que tengan una expectativa de rentabilidad superior que el caso anterior pero que nos ofrezcan liquidez con un breve preaviso en caso de necesidad; quizás no tan inmediata como algo diario, pero sí en cuestión de días.

En cuanto a las 20 unidades finales, podríamos optar por una inversión que requiera un horizonte temporal superior para madurar la rentabilidad esperada. Es probable que por el camino pueda ser más volátil (mayor dispersión) en sus retornos diarios o mensuales, pero si dejamos cumplir sus plazos, tendremos más posibilidades de conseguir los resultados esperados.

Con este sistema tendremos:

- A corto plazo, la máxima seguridad de mantener el valor nominal del dinero puesto que vamos a disponer del mismo en poco tiempo.

- A medio y largo plazo, la opción a retornos en línea con la inflación.

Según vayan pasando los años y queramos recuperar parte de nuestras inversiones, por ejemplo llegada la jubilación, deberíamos ir reduciendo el peso de las de más largo plazo para ir asignando el dinero hacía unos objetivos menos volátiles de corto plazo y hacia la liquidez según lo vayamos a gastar. De esta forma, iremos asumiendo gradualmente una menor incertidumbre (volatilidad) en caso de que vayamos a necesitar el dinero, llegando a convertirlo en tesorería para ser consumida.

3

¿POR QUÉ DA MIEDO INVERTIR?

Probablemente la principal razón de por qué cuesta pasar de ahorrador a inversor es la volatilidad de los activos financieros en el corto plazo. La volatilidad, en términos técnicos, se mide como la dispersión de los rendimientos de un activo en el que invertimos respecto a su rentabilidad media histórica. Esta genera la sensación de pérdida del dinero invertido debido a las oscilaciones de los mercados.

Todos los activos tienen volatilidad, es decir, sufren subidas y bajadas en su valoración diaria. Los que muestren menores oscilaciones serán menos volátiles, como los depósitos o los fondos monetarios. Por ejemplo, si la media de rentabilidad anual de una inversión durante 10 años es del 5 %, y las rentabilidades anuales se han movido en un rango de +– 5 %, podremos decir, de manera simplista, que tiene una volatilidad (desviación estándar) del 4 % respecto a su rentabilidad media. En cambio, si los retornos anuales del activo anterior hubieran sido del −10 al 10 % pero manteniendo la media de los 10 años en el 5 %, significaría que sería más volátil que en el primer ejemplo porque la banda en la que oscila es mucho mayor.

A los activos financieros líquidos, al ser cotizados y regulados, se les exige un elevado nivel de transparencia, lo que implica que cualquier modificación de expectativas (positivas o negativas) por parte de los inversores se incorporará de manera inmediata en sus precios. Esto hace que la percepción de su volatilidad se incremente. Aunque los factores que influyen son múltiples, desde la política monetaria de los bancos centrales a las incertidumbres geopolíticas, el paso del tiempo mitiga el impacto de estos sobre la inversión que se ha ido acumulando.

Esta sensación de vulnerabilidad que se genera se puede contrarrestar de dos maneras complementarias: primero, entendiendo adecuadamente el funcionamiento de las inversiones financieras y el concepto de la volatilidad, y segundo, con una política de inversión que nos ayude a segmentar los objetivos de inversión que cada inversor tenga, evitando exponerse a oscilaciones altas cuando tenemos que afrontar compromisos a corto plazo.

Es muy importante no confundir la volatilidad con la quiebra u otro tipo de los posibles riesgos de carácter siniestral, irrecuperables. Por ejemplo, tener únicamente un bono de una empresa cualquiera aparentemente puede aparentar tener una baja volatilidad, sin embargo tiene un potencial mayor de siniestralidad en caso de que un único emisor dejase de pagar.

El tiempo es un factor fundamental. La volatilidad solo se compensa con unos plazos más largos de inversión. Los escenarios de subidas son mucho más comunes que los de bajada, pero es importante que cuando dedicamos nuestro dinero a este tipo de inversiones contemos con suficiente margen temporal para evitar vernos forzados a deshacerlas (vender) en un momento bajo de mercado. Es como cuando conducimos un vehículo: no frenamos a un milímetro de un muro, sino que previamente vamos frenando para evitar que algo nos pase en el último microsegundo y no podamos reaccionar a tiempo.

Otro ejemplo: si fuéramos a comprar una casa, no tendría sentido invertir el importe total de la vivienda únicamente en Bolsa hasta el día en el que se producirá la firma, pues nos expondríamos a que en la última semana, hubiera, por ejemplo, una corrección en el mercado que hiciera disminuir el capital y ya no dispusiéramos del dinero suficiente para hacer frente al pago. Por ello, es conveniente, según se vaya aproximando la fecha del compromiso, reducir la volatilidad de las inversiones de forma progresiva, lo que conlleva de forma asociada una menor expectativa de rentabilidad.

Curiosamente, el atractivo específico de la mayoría de las inversiones financieras es que todos los días contamos con un precio de referencia de su valor, lo que ofrece al inversor la enorme ventaja de poder comprar y vender los activos a un precio conocido en cualquier momento. Pero en esta ventaja radica también una de las razones que mayor desasosiego provoca en el inversor novel, ya que ese precio diario refleja la volatilidad de sus precios.

Por el contrario, activos ilíquidos, como inversiones inmobiliarias o participaciones empresariales, no disfrutan del mismo nivel de transparencia y, como consecuencia, saber el precio de estos activos resulta difícil y costoso y por ello se generan grandes horquillas de precios entre los compradores y vendedores.

No disponer de una valoración diaria enmascara su verdadera volatilidad creando una falsa sensación de ausencia de variabilidad, que sí se encuentra presente en todo momento. No publicar precios diarios simplemente oculta artificialmente su verdadera volatilidad, de la misma manera que no ponerse el termómetro no evita tener temperatura corporal.

El problema surge cuando, tras un período prolongado sin precios, la publicación de una operación hace que se recoja toda una corrección de su valor de golpe. No ha habido volatilidad en el período transitorio, pero ello no evita la corrección intermedia hasta el día de su valoración. Existe una ilusión imaginaria de que los activos ilíquidos (sin precios diarios) tienen una menor fluctuación en sus precios, pero esto no es real, sino que, para tener precios de referencia en cualquier activo, tiene que haber operaciones de compraventa en el mercado entre diferentes partes o tasaciones individualizadas. Por tanto, el hecho de que no haya habido operaciones o tasaciones intermedias no quiere decir que el precio siga estable y que no se haya expuesto a volatilidad durante el período.

Si tratamos de vender un inmueble ahora mismo, quizás tengamos una sorpresa; por un lado, el plazo para venderlo habitualmente será superior al previsto y, por otro, el precio al que finalmente podamos realizar la operación puede no ajustarse a nuestras expectativas iniciales. En los mercados ilíquidos hay bastante menos participantes que en los cotizados, lo que hace que estos últimos resulten mucho más eficientes en el proceso de determinación de los precios de los activos e infinitamente más líquidos.

No estamos, pues, ante un problema estrictamente financiero, sino ante un reto emocional que cualquier inversor tendrá que trabajar y entender si quiere tener éxito invirtiendo en activos financieros a largo plazo.

Por tanto, no puede ser que algo que es bueno por su propia naturaleza, la propia liquidez y eficiencia de un mercado organizado, lo entendamos como malo cuando se dan correcciones en sus precios diarios. Claramente, es preferible un mercado eficiente y líquido frente a otros donde la información es muy difícil y costosa de obtener y, además, puede que no podamos disponer de nuestro dinero en un momento determinado o tengamos que hacerlo a un precio sensiblemente inferior por necesidad.

A continuación, se muestra la evolución de la volatilidad en los últimos 30 años medida a través del índice VIX, que representa la volatilidad del S & P 500, cuyo valor medio ha sido del 19.6 %. Por ejemplo, el incremento de la volatilidad vivido en la primera parte de 2022 se debió a subidas de tipos de interés, retirada de estímulos, cierre de los puertos de China por el riesgo sanitario, guerra en Ucrania, etc., pero tras los meses de verano esta volatilidad se ha reducido.

En el gráfico siguiente se reflejan episodios puntuales donde la volatilidad se incrementó hasta el 81 % (tras la quiebra de Lehman) o el 46 % como consecuencia de la crisis de los mercados emergentes de 1998, o del 83 % por el miedo que supuso la COVID-19 en 2020.

Gráfico 3.1 Indicador de la volatilidad del mercado (S&P 500)

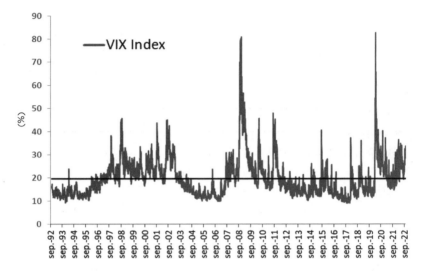

Es importante destacar que existe una correlación inversa muy notoria entre la volatilidad y la evolución de los mercados porque los movimientos de venta son, generalmente, más bruscos que los de subida. Mucho del dinero invertido en los mercados financieros proviene de los inversores institucionales, como bancos, aseguradoras, fondos soberanos, fondos de inversión y pensiones, y es habitual que, como medida de control de riesgo, existan unos límites ante posibles correcciones, conocidos como *Stop Loss* o límite de perdidas.

Por ejemplo, si las correcciones del mercado son significativas, sus controles de riesgo les fuerzan a desinvertir para mantener el perfil de riesgo de sus inversiones, y viceversa. El único problema es que, cuando la volatilidad sube, todos a la vez y de manera próxima en el tiempo tienen que reducir las exposiciones a los activos más volátiles. Esto provoca una aceleración de las caídas al forzar a otros inversores a disminuir el riesgo en sus carteras. Esta es, también, la razón de que los mercados financieros sean siempre los que primero corrijan sus valoraciones entre todas las clases de activo.

Gráfico 3.2 La volatilidad y la bolsa (S&P 500) 1992-2022

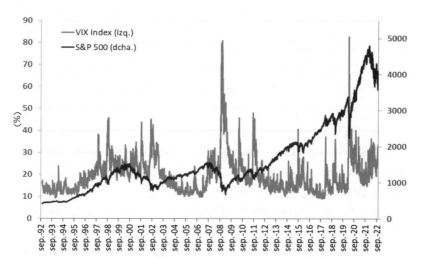

Asimismo, que un activo tenga volatilidad no siempre es negativo, puesto que esta volatilidad permite realizar rebalanceos[1]. Es decir, modificar los pesos relativos de las distintas clases de activos de las carteras para equilibrar los riesgos y mantener el rumbo predeterminado, tanto en los momentos de euforia (vendiendo activos caros) como en los de pesadumbre (comprando activos baratos).

Recordemos que la inversión se plantea cuando no se necesita disponer de todos los recursos financieros en el corto plazo. Si los fuéramos a necesitar, no tendría sentido exponerlos a esta volatilidad. Invertir no es más que diferir el consumo actual por consumo futuro esperando recibir una compensación por la inflación y por el riesgo asumido de que el capital no se devuelva.

Pero esta compensación lamentablemente no es ni inmediata ni lineal, lo que genera frustración en el inversor, especialmente cuando empezamos a invertir y no estamos acostumbrados a estos movimientos[2]. En ocasiones existe la tentación de optar por una solución drástica al pensar que «dejar de invertir solucionará los problemas», pero esto causaría un efecto muy negativo en el patrimonio en el largo plazo. Respecto al medio y al largo plazo, la alternativa de no invertir tiene resultados desoladores al asegurar un severo empobrecimiento motivado por la inflación, ya que con el paso del tiempo el patrimonio tendrá cada vez menor poder de compra. La erosión provocada por la inflación no se percibe a simple vista pero es letal, como una muerte dulce.

Por tanto, y en primer lugar, definir nuestros objetivos y el plazo en el que queremos alcanzarlos es la clave a la hora de invertir. Se trata de diseñar la política de inversión del inversor en función de esos parámetros y del importe que va a requerir invertir en las distintas clases de activo. Como inversores tenemos que decidir a qué tipo de amenaza nos queremos enfrentar según nuestras necesidades: a la inflación y por tanto a la pérdida de poder adquisitivo o a la volatilidad de los activos en el corto plazo pero que, en períodos medios y largos, suele compensar con mayor rentabilidad. Esto lo determinará el plazo en que queramos disponer de los fondos invertidos, pues no todo el patrimonio debe tener el mismo horizonte temporal[3].

Mucha gente se pregunta: ¿se puede evitar la volatilidad? La respuesta es no. La volatilidad es inherente a la inversión, ha existido y existirá siempre porque las valoraciones de los activos incorporan expectativas de crecimiento, de beneficios, de tipos de interés, etc. Dichas expectativas no son estáticas, van incorporando información adicional en los precios de los activos a lo largo del tiempo y eso se traduce, en última instancia, en volatilidad.

La volatilidad se podría ocultar temporalmente (¡tapándose los ojos!) a través de la inversión en productos ilíquidos sin precios diarios, pero no la estaremos eliminando. Pero sí podemos reducirla segmentando por plazos los diferentes objetivos (a mayor plazo, mayor volatilidad, y viceversa) y mediante la diversificación de clases y subclases de activos.

Los movimientos de los mercados sean al alza o a la baja, no se producen de una manera ordenada, sistemática ni lineal; por el contrario, se suelen generar de manera violenta ante acontecimientos inesperados que modifican las expectativas incorporadas a los precios. Sobrerreaccionar a dichos acontecimientos, por tanto, no suele ser buena idea pues implicará dejar la cartera fuera del mercado durante distintos períodos de tiempo, lo que suele acarrear consecuencias negativas[4]. En definitiva, hay que ser conscientes del funcionamiento de los mercados financieros para no sentirse víctima de su propio funcionamiento.

Días   Años   Décadas

El siguiente gráfico muestra una comparativa del retorno de una cartera plenamente invertida en todo momento en el índice S & P 500 de la Bolsa estadounidense desde 1980 hasta el segundo trimestre de 2022, frente a la de carteras que han estado desinvertidas en los mejores días de subidas del mercado. Además, estos días suelen darse en momentos de elevada volatilidad y nerviosismo. Cuantos más días permanezca la cartera desinvertida, mayor probabilidad habrá de que se pierdan estos mejores días y con ello peor será su comportamiento a largo plazo.

Gráfico 3.3 Consecuencias de perderse los mejores días

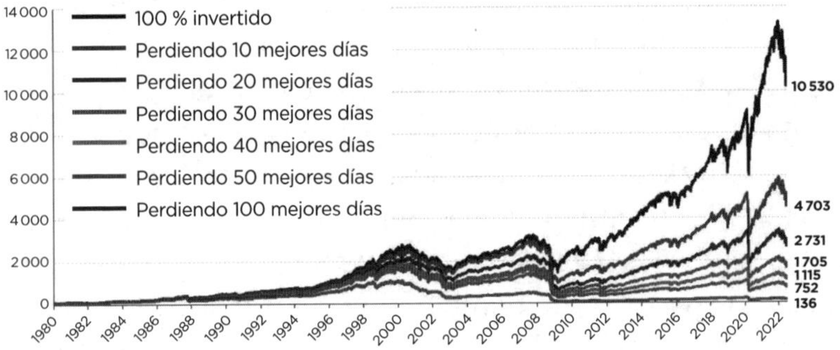

Nota: gráfico en base 100.

El gráfico anterior demuestra que se puede dejar de ganar mucho dinero por tratar de acertar el momento propicio de entrada y salida del mercado (tarea altamente complicada, por no decir imposible), que tiende a destruir valor a largo plazo, restando rentabilidad respecto a la estrategia de estar invertido en todo momento en los objetivos de largo plazo.

Lo importante no es pensar cuándo entrar o salir del mercado, cosa que no ha conseguido hacer nadie con éxito de manera recurrente, sino el tiempo que el inversor debe permanecer invertido. Además, se da una curiosa casualidad, pues los mejores días en rentabilidad de los mercados financieros suelen darse justo después de los peores días, lo que incrementa notablemente la probabilidad de que un inversor no esté invertido en esos días si atiende a sus emociones.

En la siguiente tabla, donde se muestran las mayores subidas de mercado de la bolsa estadounidense, medido por el índice S&P 500 desde 1950 hasta noviembre de 2022 se puede apreciar que habitualmente las mejores cifras se dan en épocas de correcciones significativas de los mercados.

Gráfico 3.4 S&P 500: Mayores ganancias diarias en % (1950-2022)

Rango	Fecha	% Rentabilidad	Crisis
1	10/13/2008	11.58 %	Crisis financiera
2	10/28/2008	10.79 %	Crisis financiera
3	3/24/2020	9.38 %	COVID
4	3/13/2020	9.29 %	COVID
5	10/21/1987	9.10 %	Crisis del petróleo
6	3/23/2009	7.08 %	Crisis financiera
7	4/6/2020	7.03 %	COVID
8	11/13/2008	6.92 %	Crisis financiera
9	11/24/2008	6.47 %	Crisis financiera
10	3/10/2009	6.37 %	Crisis financiera
11	11/21/2008	6.32 %	Crisis financiera
12	3/26/2020	6.24 %	COVID
13	3/17/2020	6.00 %	COVID
14	7/24/2002	5.73 %	Crisis Puntocom

Rango	Fecha	% Rentabilidad	Crisis
15	11/10/2022	5.54 %	Subida tipos/ Guerra Ucrania
16	9/30/2008	5.42 %	Crisis financiera
17	7/29/2002	5.41 %	Crisis Puntocom
18	10/20/1987	5.33 %	Crisis del petróleo
19	12/16/2008	5.14 %	Crisis financiera
20	10/28/1997	5.12 %	Crisis Puntocom
21	9/8/1998	5.09 %	Crisis Puntocom
22	5/27/1970	5.02 %	Crisis del petróleo
23	1/3/2001	5.01 %	Crisis Puntocom
24	12/26/2018	4.96 %	Guerra comercial EE. UU. y China
25	3/10/2020	4.94 %	COVID

La clave del éxito en las inversiones financieras radica en la definición de los objetivos que componen la política de inversión, concretando el horizonte temporal para cada uno. En los objetivos a corto plazo tendremos que evitar la volatilidad, invirtiendo en activos muy conservadores, buscando la preservación nominal del capital asumiendo que no batiremos la inflación, pero en los objetivos a largo plazo deberemos asumir volatilidad sabiendo que tiende a neutralizarse en períodos largos y que, a cambio, será la única manera de batir inflación, gastos e impuestos.

4

PARA INVERTIR, ¿POR DÓNDE EMPEZAR?

El primer paso, y el fundamental de la inversión y de cualquier decisión en la vida, es saber qué se quiere conseguir. Normalmente no tenemos un solo objetivo con las inversiones, sino necesidades a corto, medio y largo plazo.

No debería ser muy complicado saber lo que deseamos; bastaría con tener claro que «el patrimonio no es un fin, sino un medio para atender nuestras necesidades/prioridades» y ser capaz de responder a la siguiente pregunta: ¿a dónde queremos llegar?, es decir, ¿qué queremos lograr con nuestra inversión? Puede ser invertir para una vivienda, un viaje, la educación de nuestros hijos, la jubilación, etc.

Es evidente que saber nuestro destino final nos ayudará a conocer el camino que tenemos que tomar. Como recuerda el siguiente diálogo entre Alicia y el Gato de Cheshire, que es muy ilustrativo.

«—Minino de Cheshire, ¿podrías decirme, por favor, qué camino debo seguir para salir de aquí?
—Esto depende, en gran parte, del sitio al que quieras llegar —dijo el gato.
—No me importa mucho el sitio…
—Entonces, ¡tampoco importa mucho el camino que tomes!
—… siempre que llegue a alguna parte —añadió Alicia como explicación
—¡Oh, siempre llegarás a alguna parte —aseguró el gato—, si caminas lo suficiente!»

Lewis Carroll. *Alicia en el País de las Maravillas*

Si cuando empezamos a invertir no nos hacemos las preguntas adecuadas, terminaremos, seguro, en alguna parte, que no tiene que ser donde deseamos llegar. Lamentablemente, cuando comenzamos a invertir sin tener en cuenta los aspectos anteriores, ponemos un gran empeño en buscar «grandes» oportunidades que nos reporten altas rentabilidades. Muchos piensan que tener una colección de inversiones, cada una «muy rentable» o «muy segura», es suficiente para alcanzar sus objetivos y, además, aporta una falsa sensación de control.

Desafortunadamente, la experiencia en la vida real nos demuestra que esto no es cierto, ni aun asumiendo que cada inversión sea «muy rentable» o «muy segura». Por un lado, no existe una inversión 100 % segura, pues todas están expuestas a riesgos (inflación, liquidez, contraparte, volatilidad, siniestralidad, etc.); por ello hay que preguntarse a qué riesgos se quiere exponer más el inversor. Por otro lado, tampoco hay inversiones muy rentables *a priori* porque el mercado a corto, medio o largo plazo remunera las inversiones según sus niveles de volatilidad y, por tanto, no existen atajos para obtener rentabilidades altas con riesgos bajos. Pero, en cualquier caso, esto no sería suficiente para que, en su conjunto, estas inversiones satisfagan nuestros múltiples objetivos. Debemos evitar esas «ideas brillantes» que en muchas ocasiones nos ofrecen con bajo riesgo y mucha rentabilidad porque suelen acabar mal.

Adicionalmente, no todas las inversiones que se pueden realizar deben tener el objetivo de maximizar retornos. Hay siete variables que determinan un objetivo inversor. Las dos primeras son los objetivos de rentabilidad y riesgo. A ellas hay que añadir ciertas restricciones: plazo, grado de liquidez, aspectos fiscales y legales y, si existen, otras consideraciones particulares.

En cada objetivo siempre existe una consideración que manda sobre las demás. Por ejemplo, en los objetivos a corto plazo mandan la liquidez y la rápida disponibilidad junto con una mínima volatilidad; y en los objetivos a largo plazo, la volatilidad diaria no es importante y la liquidez no tiene que ser inmediata, pero sí es fundamental batir la inflación, los gastos y los impuestos.

5

TEORÍA MODERNA DE CARTERAS

Una de las teorías de gestión de carteras más popular y extendida, tanto entre los inversores profesionales como entre los más noveles, es la desarrollada en 1952 por el Premio Nobel de Economía Harry Markowitz. En ella se detalla una estrategia de inversión que busca minimizar el riesgo de mercado (mediante una enorme simplificación, como es la volatilidad de los retornos) y a la vez maximizar la rentabilidad conseguida.

Para ello, Markowitz se basa en tres premisas:

- Los inversores son adversos al riesgo, lo que significa que, entre dos inversiones que proporcionen el mismo potencial de rentabilidad, elegirán la de menor riesgo.

- Rentabilidad y riesgo, medido como volatilidad, tienen una relación positiva o, lo que es lo mismo, si se quiere optar a mayores niveles de rentabilidad, habrá que asumir niveles de riesgo superiores. No hay que olvidar que la rentabilidad y el riesgo no son lineales como se podría pensar *a priori*. Son cuasi lineales para niveles reducidos de rentabilidad, pero a medida que la rentabilidad esperada aumenta la proporción de riesgo adicional aumenta más que linealmente.

- Los mercados son eficientes, reflejan en todo momento la información disponible.

Lo que Markowitz trataba de construir era un modelo que, a partir de la combinación de las distintas clases de activo, permitiera a los inversores minimizar el riesgo para un nivel de rentabilidad dado, o viceversa, maximizar la rentabilidad para un nivel de riesgo determinado. En consecuencia, el eje central de esta teoría es la diversificación, ya que el autor demostró que una combinación de inversiones que tienen una menor correlación entre ellas obtiene resultados más eficientes en términos de rentabilidad-riesgo que cada activo por separado.

Para demostrar su teoría, Markowitz dibujó lo que llamó *Frontera eficiente,* donde se plasman todas las posibles combinaciones de todas las inversiones posibles según un plano marcado por rentabilidad-riesgo. Dentro de todas estas combinaciones posibles, existe una línea que limita las mejores combinaciones posibles de máxima rentabilidad para cada nivel de riesgo (se muestra en el siguiente gráfico). Por tanto, cualquier combinación de activos que se encuentre por debajo de esta frontera, no será optima porque existirán otras que sean más eficientes en términos de rentabilidad riesgo[1].

Gráfico 5.1 La Frontera eficiente de Markowitz

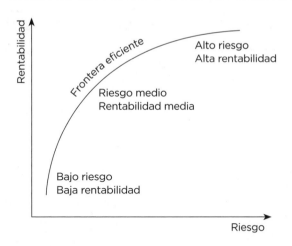

El objetivo, por tanto, tal como vemos en el anterior gráfico, es conseguir un *mix* de activos que, para un determinado nivel de riesgo, aporte la mayor rentabilidad posible o que para un prefijado nivel de rentabilidad posea el menor riesgo posible:

Gráfico 5.2 Aplicación de la Frontera eficiente

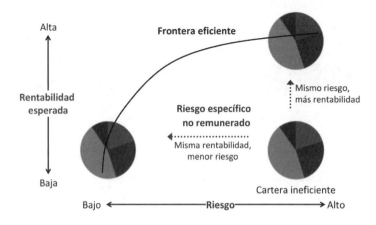

6

LA POLÍTICA DE INVERSIÓN

Como comentábamos anteriormente, muchos inversores piensan que, contando con una colección de inversiones supuestamente buenas, tienen bien estructurado su patrimonio, pero lamentablemente no es cierto. A menudo construyen carteras como si estuvieran decorando una casa y recopilando recuerdos de su vida. Claramente, y aun cuando todas las inversiones individuales fueran buenas, situación que casi nunca se da, este tipo de composiciones patrimoniales no serviría para alcanzar los objetivos deseados. El ejemplo anterior es muy habitual entre los inversores que, sin tener ningún rumbo definido, acaban por obtener malos resultados y, además, sin saber por qué.

¿Cómo se pueden encajar los objetivos patrimoniales con los riesgos y oportunidades del mercado, además de con el deseo de vivir tranquilos? Como inversores queremos dormir tranquilos, pero a la vez preservando, al menos, el patrimonio de inflación, costes e impuestos. Lamentablemente, una cosa no es compatible con la otra.

Dado que las decisiones de inversión son siempre complicadas, se necesita alguna herramienta que aporte proceso y ayude a invertir a largo plazo, y que lidie a la vez con las posibles modificaciones que surgirán y con las incertidumbres que se presentarán en el camino.

Siempre podemos encontrar motivos, sean razones de peso o meras sospechas, que nos lleven a pensar con facilidad que no es una buena ocasión para invertir. Así pues, el mejor momento para invertir es cuando se tienen los recursos, siempre que se haga de manera coherente y acorde con las propias necesidades.

La herramienta para saber dónde estamos y adónde ir y que nos sirve de guía para seguir el rumbo escogido es la política de inversión, que se asemeja a una brújula y que resulta de especial utilidad en los momentos en los que uno se encuentra perdido o sin referencias al aportar la dirección y limitar nuestras equivocaciones.

En consecuencia, el primer paso consiste en definir nuestros objetivos y necesidades y plasmarlos en una lista que agruparemos en función de su horizonte temporal, ya que es imposible reflejar todos los objetivos en una sola cartera[1]. Este listado puede incluir a modo de ejemplo: necesidades o compromisos a la vista, colchones para nuestra seguridad financiera, educación de los hijos, compra de una casa o de un vehículo, realización de un viaje, inversión en un negocio, jubilación o dinero intergeneracional para nuestros hijos. Respecto a cada objetivo necesitamos responder dos preguntas principales: ¿cuánto? y ¿cuándo? Es decir, qué importe y en qué plazo nos hará falta.

Con lo anterior definido podemos reunir nuestros objetivos en tres grupos por horizontes temporales:

- **Corto plazo, a 1 año vista.** Tendremos que invertir en activos fácilmente liquidables, donde la prioridad es la preservación nominal del dinero, y no tanto blindarnos contra la inflación. Mayoritariamente, nuestra inversión debería hacerse en activos líquidos a corto plazo: tesorería, depósitos a plazos cortos y fondos de inversión de activos monetarios.

- **Medio plazo, a 2-7 años vista.** La prioridad debe ser buscar rendimientos que nos protejan de la inflación, ya que habrá años con poca y otros con mucha inflación y, si podemos, de los costes asociados con el objetivo de mantener el poder adquisitivo de nuestro patrimonio mientras no lo necesitemos. Nuestra inversión tendría que estar compuesta sobre todo por activos líquidos a corto plazo y bonos, y en un porcentaje inferior por renta variable, que puede llegar al 20 % para los objetivos a un plazo superior a 5 años. Es necesario resaltar que, aunque tengamos horizontes temporales de plazos superiores a 1 año, todas las inversiones financieras deben ser líquidas y liquidables (sin costes ni efecto perjudicial por el impacto del mercado a la hora de venderlas) de manera inmediata.

- **Largo plazo, a más de 8 años vista.** La prioridad es batir gastos, inflación e impuestos y, si es posible, conseguir una rentabilidad adicional del 1-3 % anual, por lo que nuestra inversión ha de tener un mayor peso en renta variable y, en menor medida, en renta fija. En algunos casos se pueden incluir activos ilíquidos, como el sector inmobiliario o empresas no cotizadas (p. ej., *private equity*), siempre que tengamos la cobertura necesaria de activos líquidos para situaciones de emergencia y podamos ajustar nuestras inversiones a los requerimientos cambiantes de nuestra vida.

Como no puede ser de otra manera, la forma de ir completando los distintos objetivos será de menor a mayor horizonte temporal, comenzando por cubrir las necesidades más próximas. De igual manera, cada vez que cambien nuestros objetivos, habremos de hacer el ejercicio completo para reasignar los importes según los nuevos objetivos.

La política de inversión debe ser un ejercicio inicial, pero se mantendrá viva, ya que nuestra vida evolucionará y nuestros objetivos irán cambiando. Mantener la coherencia entre nuestra situación vital y la estructura de nuestro patrimonio será clave para alcanzar el éxito de nuestras inversiones[2].

7
TIPOLOGÍA DE ACTIVOS

Los objetivos personales se construyen invirtiendo en distintas «clases de activos». Todos los activos de una misma clase suelen comportarse de forma análoga y tener características similares en cuanto a exposición a riesgos y a los factores fundamentales que les permiten generar su rentabilidad. Por ejemplo, mientras que las empresas que cotizan en las bolsas europeas o estadounidense forman parte de lo que se conoce como *renta variable,* la deuda de los Estados o de las empresas se incluye en lo que se denomina *renta fija.*

Por tanto, cada objetivo invertirá en diferentes clases de activos en función de su horizonte temporal. El nombre técnico de esas asignaciones es *distribución estratégica de activos (Strategic Asset Allocation [SAA])* y define los pesos que se deben asignar a cada clase de activo según los objetivos definidos. Nuestra cartera agregada recogerá, simplemente, la suma ponderada por importe de todas las subcarteras (una por objetivo)[1].

Contrariamente a lo que muchos inversores creen, es la asignación global a las distintas clases de activos la que explica la mayoría de los resultados de una cartera y no la elección de las inversiones individuales ni el momento en el que se realizan. Tiene, por tanto, mucho más sentido dedicarle más tiempo a pensar en cómo repartir las carteras en clases de activos que en buscar las inversiones individuales. El primer enfoque se basa en la gestión de los riesgos y el segundo en la rentabilidad. La evidencia empírica y académica refuerza que la gestión de riesgos es una vía más rápida y segura de mejorar las rentabilidades a largo plazo.

1. Activos del mercado monetario

Se trata de efectivo y activos que, normalmente, generan un derecho de cobro de intereses en el tenedor, pues son deuda, y cuyos vencimientos suelen ser inferiores a 18 meses, como cuentas corrientes, depósitos a plazo fijo o letras del Tesoro de los distintos gobiernos. No hay que olvidar que cuando dejamos dinero en la cuenta corriente del banco, en verdad estamos haciéndole un préstamo al banco, y si la entidad entrara en disolución por quiebra, estaríamos dentro de la masa concursal como un acreedor más, aunque en una situación preferencial frente a los tenedores de deuda, preferentes y de los accionistas.

Son títulos valores que se caracterizan por ser muy líquidos, con una volatilidad de los retornos anuales muy reducida y cuya rentabilidad a largo plazo debe estar en línea con la inflación del país, aunque dependiendo del momento pueden ser superiores o inferiores temporalmente. Este tipo de activos, debido al escaso tiempo hasta su vencimiento, minora el riesgo de tipo de interés porque van venciendo en pocos meses y se pueden reinvertir a los tipos de interés del momento, permitiendo al inversor no asumir riesgos de reinversión al que se exponen los tenedores de bonos de largo plazo.

2. Activos de renta fija o bonos

Son similares a un préstamo (deuda) otorgado por el inversor, títulos negociables emitidos en mercados regulados cuya finalidad es captar fondos directamente del público, y por los que el emisor se compromete a pagar unos intereses y devolver el principal en unos plazos prefijados.

Los títulos de renta fija pueden ser emitidos por Estados, organismos públicos o empresas privadas. Los bonos o activos de *renta fija* (mal llamada así, ya que lo único fijo de ella es el porcentaje de intereses o cupón periódico que pagará, y a veces ni siquiera eso) hacen que el inversor se convierta en acreedor/prestamista de la sociedad o del Estado emisor, mientras que el accionista es un socio propietario de una parte del capital social de la empresa.

Es decir, tanto en el caso de los activos monetarios como en el de la renta fija el inversor presta su dinero a alguien a cambio del pago de un interés. Por ello, uno de los riesgos que asume, el de contrapartida o de crédito, es la posibilidad de que su préstamo no se le devuelva o que no reciba todos los intereses prometidos. En la medida en la que el emisor presente potenciales dificultades para devolver sus deudas, el valor de los bonos caerá debido a un menor apetito (demanda) por sus emisiones. Esto obliga al emisor a tener que pagar un mayor interés para hacerlo atractivo en términos comparativos con otro bono de mejor calidad crediticia, es decir, con menor dificultad para hacer frente al compromiso de sus pagos.

Al tener un vencimiento superior que los instrumentos del mercado monetario, las oscilaciones en sus precios a corto plazo son mayores que las de los primeros, porque cualquier información que llega al mercado se refleja en estas emisiones durante un mayor plazo.

Asimismo, otro de los riesgos principales de la renta fija suele ser la variación en los tipos de interés: si suben, el precio de los bonos en circulación caerá al tener menos demanda por parte de los inversores nuevos, pues los próximos bonos que se emitan pagarán un cupón mayor, haciendo menos interesantes los anteriores. Por ello, para que ambos bonos sean homogéneos (ya que el riesgo de impago de la compañía no ha cambiado), el que está en circulación tendrá que ver reducido su precio para que su rentabilidad para un inversor sea igual de atractiva que para el nuevo, que dispone de cupones más elevados.

Por tanto, hay que tener presente que, en este tipo de activos, se pueden sufrir pérdidas temporales si tenemos que vender esa posición. No obstante, siempre que el inversor mantenga la inversión hasta su vencimiento, el bono proporcionará la rentabilidad pactada desde su compra si el emisor cumple todos sus compromisos de pago (devolución del capital inicialmente invertido al vencimiento del bono y pago de todos los cupones prometidos). Dicho esto, la rentabilidad y volatilidad de sus retornos a corto plazo son, en general, mucho menores que en el caso de los activos de renta variable (acciones o *equities*).

3. Activos de renta variable (acciones)

La renta variable es un tipo de inversión formada por todos los activos financieros a través de los cuales pasamos a ser accionistas de la empresa emisora y tenemos una parte de su capital. Se dice que la rentabilidad es *incierta* (en realidad aplica a cualquier inversión), pues ni el capital aportado ni la rentabilidad vía dividendos están garantizados. En la renta variable, al contrario que en la fija, no conocemos de antemano los dividendos que año tras año irá repartiendo la empresa, ya que dependen de la estrategia empresarial (endeudamiento, crecimiento orgánico e inorgánico, nuevas inversiones, etc.) y de los resultados derivados de ella.

Como inversores tenemos que ser conscientes de que los factores que afectan al precio de las acciones de una determinada compañía son múltiples y están interrelacionados, lo que genera combinaciones infinitas que, por supuesto, no podemos controlar de antemano. Esto puede hacer que, aunque invirtamos en la mejor compañía del mundo, suframos pérdidas en momentos puntuales. Por ello, esta clase de activo es idónea para inversiones con mayor plazo temporal, pues puede permitirse retrocesos temporales debido a cambios tanto macroeconómicos globales como microeconómicos específicos de las propias organizaciones.

El valor de una compañía tiende a ser la suma de los dividendos que es capaz de generar a largo plazo. Dado que el valor económico de 100 euros de hoy no es igual al de dentro de 10 años, para homogeneizar el valor del dinero, se traen al presente las cantidades económicas futuras mediante un descuento temporal del dinero hoy en día[2].

$$\text{Valor compañía} = Div_1/(1+K)^1 + Div_2/(1+K)^2 + Div_3/(1+K)^3 + \ldots + Div_n/(1+K)^n$$

Donde:

- Div_n = dividendo de cada ejercicio
- K = Bono sin riesgo + prima de riesgo. La prima de riesgo es un diferencial que se añade al bono a largo plazo sin riesgo. Este diferencial se realiza sobre la rentabilidad histórica de la bolsa (de todas las compañías) frente al bono libre de riesgo. Esta cifra se aumenta o rebaja en función del negocio, sector, estructura financiera y peculiaridades de cada compañía.

Si bien es cierto que existen multitud de variables que afectan al precio de un activo financiero, entre los que se encuentra la renta variable, las principales son dos. La primera y la que más afecta al valor de una compañía son las tasas de interés del bono libre sin riesgo, pues al ir dividiendo en la fórmula anterior durante todos los años futuros su impacto se acumula en el tiempo. La segunda variable son los dividendos futuros de la empresa, que se derivan de las ventas, los márgenes, el grado de competencia, las leyes y patentes necesarias, la tasa de cambio en divisas respecto de la moneda de referencia, etc.

La única manera de reducir todas estas variables es estar bien diversificado, pues muchas de estas variables se compensarán entre sí, en cierta manera anulándose entre ellas, de manera que a largo plazo lo que importará será la capacidad de las empresas para mantenerse competitivas y seguir incrementando sus beneficios. Dado que es imposible saber *a priori* cuáles serán las compañías triunfadoras, en lugar de hacer apuestas puntuales sobre unas u otras, la mejor forma de tener exposición a los beneficios empresariales y, de hecho, al crecimiento del mundo, es invirtiendo en negocios de todo el mundo, ya que es el segmento de la economía que más crece a largo plazo.

Aun así, la inversión bursátil a través de empresas cotizadas es volátil porque, aunque las compañías generan valor día a día, sus precios se ven afectados por las variaciones diarias de los bonos de referencia y todas las variables que afectarán en sus dividendos futuros.

A largo plazo el precio de estas inversiones llega a un nivel que refleja el valor intrínseco del activo en cuestión, pero dicho proceso es una especie de montaña rusa al aparecer nueva información cada segundo del día. Lamentablemente, no hay devengos diarios, como en los depósitos o las cuentas remuneradas, sino rachas que espantan al inversor novel si no ha elaborado una política de inversión y conoce este funcionamiento.

Un error habitual es confundir invertir en el crecimiento empresarial del mundo con hacerlo en una compañía o en varias. Esto último tiene que ver más con la especulación y la adivinación. En este caso, nos la jugamos, y nunca mejor dicho, a la evolución de una o de pocas empresas en particular, lo que, con independencia de sus prometedoras perspectivas, resulta muy arriesgado porque nadie es capaz de vislumbrar todas las situaciones por las que atravesarán en el futuro y sus consecuencias directas e indirectas.

Además, si nos va muy bien en un determinado momento, también puede irnos fatal en otro, perjudicando, cuando no eliminando, la magia de la capitalización compuesta de rendimientos, pues cuanto más positivos sean en el tiempo con menores caídas, mayor será el retorno final de la inversión.

Por consiguiente, invertir es destinar ahorros de manera estructurada y diversificada para conseguir un rendimiento de mercado por la suma de los riesgos que se asumen. De manera habitual, el inversor mantiene los diferentes activos en su cartera durante un período de tiempo no breve, en ocasiones que abarca muchos años, con el objetivo de generar rentabilidades esperadas de manera periódica y que, según se capitalizan en el tiempo, logran hacer crecer exponencialmente el valor de la inversión.

Por el contrario, la especulación se produce cuando los inversores buscan ganancias en el corto plazo guiados por encontrar una rentabilidad rápida, lo que conlleva un proceso de muchas compras y ventas y, por ende, mayor dedicación, costes y riesgos. Esto hace que se pierdan las ventajas que ofrece el medio o largo plazo, que minimizan los efectos volátiles a corto plazo.

Es habitual cruzar de la línea de la inversión a la de la especulación sin darse mucha cuenta, lo que implica modificar sensiblemente el perfil de riesgo del inversor y el proceso de inversión.

4. Otras clases de activos

Como comentábamos al principio, existen otras categorías de activo, como los activos reales (materias primas; metales preciosos, activos inmobiliarios, más allá de invertir en naves, oficinas o viviendas; obras de arte, etc.), la inversión en activos no cotizados (*private equity* o *private debt*) o infraestructuras, entre otras muchas. Sin embargo, en una fase inicial de experiencia inversora, conocer las tres comentadas anteriormente es un avance suficiente para iniciar el camino y dar los primeros pasos. Además, hay que tener en cuenta que el volumen patrimonial necesario para estas clases de activos es, generalmente, muy superior al que se necesita para invertir en los activos cotizados.

A continuación detallamos por su trascendencia la inversión en activos inmobiliarios y en empresas no cotizadas:

Activos inmobiliarios (*real estate*)

Se trata de bienes inmuebles, como viviendas, oficinas, fábricas o el propio desarrollo de suelo, en los que el ahorrador puede invertir buscando: 1) la revalorización del inmueble para una posterior venta, 2) la recepción de una serie de pagos periódicos en forma de alquiler, normalmente ligados a la inflación, y 3) ambas a la vez.

Inversión en compañías privadas (no cotizadas)

El inversor invierte, sea vía capital o vía deuda, en empresas privadas con un elevado potencial de crecimiento. Existen diferentes modalidades, desde *venture capital,* que es la que posee mayor riesgo al invertir en compañías de reciente creación *(startups),* hasta *buyouts,* que invierten en organizaciones ya establecidas o maduras.

En cualquiera de los dos apartados anteriores el inversor puede efectuar la inversión tanto de forma directa comprando inmuebles o participaciones en compañías (para lo que normalmente necesitará un capital considerable para hacerlo de forma diversificada) como de forma indirecta a través de fondos de inversión. Esta última opción le permitirá tener una mayor diversificación, aunque los mínimos de capital necesarios para poder invertir tienden a ser bastante elevados.

Uno de los principales riesgos a los que se expone el inversor en esta clase de activo es el de iliquidez. Por un lado, si invierte directamente en inmuebles o empresas, dependerá de encontrar a alguien que le quiera comprar dicho activo, lo que no es inmediato; por otro, si lo hace a través de fondos, lo habitual es que el capital se encuentre bloqueado durante un número determinado de años, que puede llegar a ser de 10 o más.

En definitiva, esta clase de activo es apta para inversores que:

- Cuentan con un elevado nivel patrimonial, ya que no solo hace falta un capital importante para realizar la inversión, sino que el inversor, además, debe tener inversiones más líquidas para contar con margen de maniobra en caso de necesidad y estar adecuadamente diversificado.

- Poseen sus necesidades a corto y a medio plazo más que cubiertas, lo que les permite «bloquear» capital durante varios años; de lo contrario, es posible que se vean obligados a deshacer la inversión en el momento menos indicado y materializar una pérdida importante.

Con carácter ilustrativo, se muestra la rentabilidad histórica del mercado estadounidense de diferentes clases de activos desde 1927 hasta el cierre de 2021 en base 100:

Gráfico 7.1 Rentabilidades históricas por clases de activo

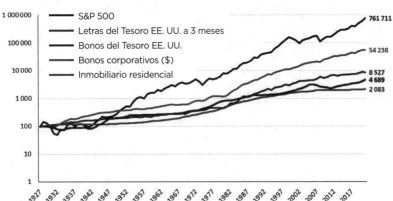

Nota: gráfico en escala logarítmica. S & P 500: renta variable; bonos corporativos en dólares estadounidenses: renta fija corporativa en dólares estadounidenses de grado de inversión, es decir, cuya calidad crediticia es elevada. Fuente: NYU Stern School of Business

En el gráfico anterior vemos que, de haber invertido 100 $ en renta variable estadounidense en 1927, hubiéramos multiplicado por más de 7600 veces nuestra inversión inicial, quedando muy lejos de este resultado el resto de las clases de activos. ¡Esta rentabilidad media conseguida por las empresas cotizadas ha supuesto doblar la inversión realizada cada 7 años! Sin embargo, si también situamos la mirada en la volatilidad asumida, el camino no habría estado exento de altibajos.

Como puede observarse en la siguiente tabla, la renta variable, medida por el S & P 500, ha sido la clase de activo más volátil en períodos anuales, pero cuando se consideran plazos más largos, por ejemplo, 10 años, los momentos malos y buenos, siendo estos mayoría, se compensan reduciendo enormemente esta sensación de falta de predictibilidad. Asimismo, la renta variable asume las mayores caídas a lo largo de casi los 100 años de historia analizados, siendo el tiempo, clave para conseguir los resultados mostrados.

Gráfico 7.2 Rentabilidades, volatilidades y máximas caídas de diferentes clases de activos (1927-2021)

	S & P 500	Letras del Tesoro de EE. UU. a 3 meses	Bonos del Tesoro de EE. UU.	Bonos corporativos $	Inmobiliario residencial	EE. UU. Inflación
Rentabilidad acumulada	761 710.83 %	2083.06 %	8526.95 %	54 237.64 %	4689.35 %	1511.02 %
Rentabilidad anualizada	9.98 %	3.33 %	4.86 %	6.93 %	4.20 %	3.00 %
Rentabilidad máxima anual	52.56 %	14.03 %	32.81 %	29.05 %	24.10 %	18.13 %
Rentabilidad mínima anual	-43.84 %	0.03 %	-11.12 %	-15.68 %	-12.00 %	-10.27 %
Volatilidad anualizada	19.4 %	3.0 %	7.6 %	7.5 %	6.2 %	3.9 %
Máxima caída	-64.8 %	0.0 %	-11.1 %	-15.7 %	-26.2 %	–

Fuente: NYU Stern School of Business

De la misma forma, la inflación anualizada para el período de tiempo objeto de estudio ha sido del 3.00 % anual, ligeramente inferior a la rentabilidad ofrecida por las Letras del Tesoro de EE. UU. a tres meses. En cuanto al resto de clases de activo, el inmobiliario residencial y los bonos del Tesoro de EE. UU. hubieran logrado rentabilidades anuales ligeramente superiores a la inflación, y los bonos corporativos y la Bolsa serían las clases de activos que sí baten la inflación ampliamente.

8
¿CÓMO SE INVIERTE EN LOS MERCADOS FINANCIEROS?

Cuando se invierte en los mercados financieros hay que entender que es un tipo de actividad distinta a la que se realiza cuando se invierte en empresas o en inmuebles de forma directa. No trates de aplicar la misma técnica y estrategia porque no funciona.

Entre otras muchas diferencias, en las empresas y en los inmuebles se requieren importes más elevados y se suele invertir para períodos más amplios porque no es sencillo ni barato desinvertir en ellos. Este mayor plazo les otorga una característica adicional de iliquidez. Este conjunto de características anteriores deja poco margen para la diversificación y con ello, aumenta el nivel de riesgo de las inversiones.

En cambio, cuando se invierte en los activos financieros se busca lo contrario, la diversificación sectorial y geográfica, un mayor grado de liquidez y menor riesgo de liquidación[1]. En este sentido, se intenta reducir los riesgos siniestrales, es decir, los correspondientes a pérdidas económicas significativas o no recuperables.

Normalmente al inversor novel le cuesta entender la importantísima necesidad de la diversificación, seguramente debido a que habitualmente su riqueza se ha generado mediante la concentración de las inversiones en empresas o inmuebles y al sobreesfuerzo propio que exige su dedicación. Además, es posible que haya estado en esas inversiones en épocas favorables, esto es, que la suerte lo haya acompañado en su inversión o en el desarrollo de un negocio. En consecuencia, muchos inversores desconocen los riesgos de la concentración, principalmente porque nunca los vivieron. Según las estadísticas de diferentes países, en torno al 75 % de las compañías no duran más de 3 años, ya que distintos factores las hacen desaparecer acarreando pérdidas considerables.

A modo de ejemplo, en México, un mercado muy grande, de más de 130 millones de habitantes, de cada 100 empresas que nacen solo el 6.7 % llega a cumplir 5 años de vida y el 4 % 10 años[2]. En España el 60 % de las compañías con empleados no llega a los 5 años[3]. Estos datos son similares en todos los países; por ello hay que ser consciente de los ratios de mortalidad de las empresas. Y, si nos fijamos en países donde existe un elevado riesgo político, los números de siniestralidad son mucho mayores debido a la ausencia de estabilidad legal y fiscal, expropiaciones, cambios significativos en la regulación que se modifica sin avisar, licitaciones sin rigor o favoritismos, etc.

Esto debe servirnos para no dar por cierta la continuidad de las empresas y reconsiderar su vulnerabilidad, incluso en ausencia de malas decisiones empresariales.

EJERCICIO PRÁCTICO

De igual modo, la mortalidad de los negocios ya maduros e institucionalizados también es muy elevada. Pongamos en perspectiva esta idea a partir del estudio del comportamiento de las compañías que han formado parte del índice Russell 3000, que incluye 3000 empresas estadounidenses o, lo que es lo mismo, el 97 % de las compañías cotizadas en EE. UU., desde 1997 hasta el cierre de 2021:

- Menos del 15 % (≈400) de las empresas que componían el índice en 1997 continuaban en él al cierre de 2021. Es decir, el 85 % han desaparecido del índice.

- Si comprobamos qué porcentaje de compañías han generado el retorno del índice cada año, observamos que, de media, el 3.7 % (112) ha generado el 75 % del retorno medio anual. Esto significa que el retorno del índice se concentra en un número muy reducido de compañías, y además, las empresas que produjeron los retornos no fueron las mismas cada año. Lo que indica lo complejo que resulta batir al índice cada año.

- De media, el 38 % de las compañías obtuvieron rentabilidades negativas cada año, siendo este porcentaje del 56 % (≈1700) si se cuentan las que obtuvieron una rentabilidad inferior a la del índice cada año. Esto es posible por lo que vimos en el punto anterior, que la mayoría de los años el retorno del índice fue atribuible anualmente solo a unas pocas compañías y cada año no tienen por qué ser las mismas. Con sus espectaculares resultados anuales, solo un número reducido de empresas consiguen que el índice muestre un retorno muy positivo. A cambio, la rentabilidad media del resto de las empresas fue muy pobre.

- En torno al 7.2 % ($\approx$215) de las compañías perdieron más del 50 % de su valoración en un único año.

Es lógico pensar que en todas las situaciones de fracaso mencionadas anteriormente no todos los problemas fueron por causas que los accionistas o directivos podrían haber controlado, pues en ocasiones se dieron circunstancias fuera de su control que les impidieron seguir adelante. Estas situaciones sobrevenidas aparecieron, en muchos casos sin verse venir, a raíz de cambios regulatorios, de innovación y tecnológicos, de competencia y otros múltiples factores.

Lo antes descrito evidencia que estar invertido en uno o pocos negocios expone al inversor a riesgos siniestrales de pérdida de valor irrecuperables y que, en vez de ser casos aislados, en porcentaje los fracasos empresariales son más habituales de lo que podríamos imaginar.

En la siguiente tabla se pueden ver diferentes datos de cómo resulta necesaria la diversificación, pues existen bajas probabilidades de tener éxito al estar invertido en unas pocas compañías frente a estar invertido en el mercado. Cuando está ampliamente diversificado, el inversor se garantiza retornos más estables en el tiempo que si estuviera concentrado permitiendo una mayor rentabilidad compuesta en el tiempo.

Gráfico 8.1 Ganadores, perdedores y exceso de retorno por sectores (1997-2021)

	Mediana del exceso de retorno vs. Russell 3000	Porcentaje de empresas con ganancias extremas[*]	Porcentaje de empresas con pérdidas extremas[**]
Todos los sectores	**–40.9 %**	**4.5 %**	**7.2 %**
Servicios de comunicación	–70.2 %	6.5 %	10.3 %
Consumo discrecional	–33.1 %	5.5 %	7.9 %
Consumo básico	–43.6 %	4.3 %	6.6 %
Energía	–55.6 %	7.3 %	11.1 %
Financiero	–18.2 %	1.7 %	4.0 %
Salud	–51.4 %	7.2 %	10.2 %
Industrial	–28.8 %	3.3 %	4.7 %
Tecnología	–44.0 %	7.0 %	9.1 %
Materiales	–33.9 %	4.6 %	5.6 %
Inmobiliario	3.3 %	1.6 %	2.8 %
Servicios públicos	–11.4 %	0.8 %	1.0 %

[*] Se considera que una empresa ha tenido ganancias extremas cuando se ha revalorizado más de un 100 % en un único año.

[**] Se considera que una empresa ha tenido pérdidas extremas cuando ha caído su valoración más de un 50 % en un año concreto.

La media de un conjunto de datos se calcula sumando todos los números que forman este conjunto y dividiendo el resultado entre el número de valores del conjunto. La mediana es el valor medio cuando un conjunto de datos se ordena de a mayor a menor, o lo que es lo mismo, el valor central una vez se ordenan. Se emplea la mediana de retornos al ser más representativa que la media, ya que la distribución de rentabilidades de las compañías se encuentra muy sesgada positivamente por unos pocos valores, lo que afecta y sesga la media de rentabilidad al alza. Por ejemplo, la cifra de todos los sectores (línea superior de la tabla) muestra -40.9 %, esto indica que, aproximadamente, el 50 % de las empresas del índice obtuvieron una rentabilidad un 40.9 % inferior a la del índice o, lo que es lo mismo, si el índice consiguió una rentabilidad de un 10 %, el 50 % de las compañías alcanzaron una rentabilidad de 5.9 % o inferior.

Para entenderlo pensemos en cinco inversiones que han obtenido las siguientes rentabilidades ordenadas de mayor a menor:

- Inversión 1: 80 %
- Inversión 2: 3.5 %
- Inversión 3: 3.0 %
- Inversión 4: 2.5 %
- Inversión 5: 2.0 %

Como podemos ver, el punto de la mediana sería la inversión 3, lo que resulta en un 3 % de rentabilidad en el período. No obstante, si en vez de calcular la mediana, intentásemos calcular el promedio, el resultado sería bastante diferente, al mostrar una rentabilidad media del 18.2 %, dato que se encuentra muy sesgado dado que una única inversión (+80 %) ha aportado una rentabilidad muy superior que las cuatro restantes. Si el índice de referencia de dichas empresas hubiera conseguido un 8 % de rentabilidad, la mediana del exceso de retorno contra su índice sería calculada de la siguiente forma: (3.0 % / 8-0 %) – 1 = -62.5 %, por lo que podemos decir que es un 62.5 % inferior a su índice.

Estar concentrado, por tanto, puede generar retornos superiores si se acierta en el valor seleccionado y el momento de entrar y salir de él a lo largo del tiempo, lo que resulta evidentemente muy difícil. Sin embargo, si no se logra acertar a la vez en estas tres grandes decisiones, el resultado podría llegar a ser catastrófico. Es como meter dinero en una tragaperras, donde sin control del proceso jugamos a un juego de azar con muchas menos probabilidades del 50 % de tener éxito.

Finalmente, y por tangibilizar todo lo comentado anteriormente, te presento a continuación la distribución del resultado anual de todas las empresas que han formado parte del índice Russell 3000 desde 1997, de tal forma que se puede apreciar cómo unas pocas alcanzan rentabilidades extremadamente positivas, sesgando al alza el resultado del índice y poniendo de manifiesto la importancia de diversificar:

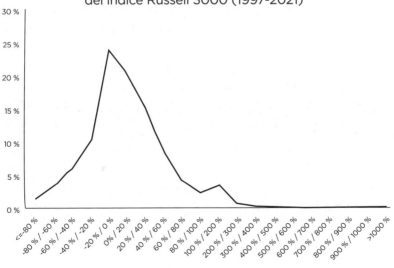

Gráfico 8.2 Distribución de los retornos de los componentes del índice Russell 3000 (1997-2021)

Tomando una referencia más actualizada que la anterior, de 2000 a 2020 solo el 22 % de las 500 compañías del índice S&P 500 consiguieron obtener un rendimiento superior al alcanzado por el índice o, lo que es lo mismo, las restantes, un 78 %, lo hicieron peor. Sin embargo, durante ese período el índice tuvo una rentabilidad del 322 %, mientras que la rentabilidad media de todas las compañías fue del 63 %. Asumiendo que un inversor invirtiera en una empresa cualquiera obteniendo el retorno medio de estas compañías, se hubiera dejado un 259 % de rentabilidad en ese período.

Siendo más crítico, ¿cuánto dinero pondrías en una inversión que en el 78 % de los casos lo haría peor que el mercado y, salvo en pocas ocasiones, obtendría un retorno antes de gastos 5 veces menor que el mercado?

Las acciones, por sus características de diversificación, liquidez, trasparencia, eficiencia y regulación, que aporta múltiples capas de seguridad, proporcionan enormes ventajas para los inversores, pero tienen el inconveniente de que, al ser activos líquidos con una cotización diaria, nos dan más información de la que a veces nos gustaría tener, pues podemos saber en todo momento el valor de las inversiones, con sus respectivas subidas y bajadas.

Esta liquidez y transparencia se logra porque todos los días los millones de inversores que participan en el mercado de valores consideran toda la información disponible y, con sus operaciones de compra y venta, arrastran los precios de los activos hacia su valor razonable de mercado. No obstante, existen situaciones como las crisis económicas, las intervenciones de los bancos centrales y las valoraciones relativas de otros activos que, entre otras muchas, los pueden alejar puntualmente de sus valores razonables, si bien en un plazo relativamente corto acaban, de nuevo, pivotando alrededor de sus valores teóricos.

Estas rachas son imprevisibles y en ocasiones no son nada evidentes los factores que las causaron, pues lo que hoy puede parecer bueno se puede anular con noticias negativas de mayor calado al poco tiempo, o viceversa. Por ejemplo, podría publicarse un mal dato de empleo en una economía y que muchos la tomaran como una noticia negativa, pero es posible que los participantes del mercado la valoraran positivamente porque podría implicar una menor subida esperada de los tipos de interés, que es una variable con mucho más efecto en la valoración de las compañías.

Si ya de por sí la inversión de manera concentrada en pocos títulos es compleja y con unos porcentajes de éxito muy bajos, no hay que olvidar que, cuando se invierte a largo plazo en los activos financieros, se recibe información diariamente (noticias, TV, amigos, conocidos, voces expertas, etc.) que obliga, consciente o inconscientemente, a revisar la estrategia y táctica en las inversiones.

Desafortunadamente, en los mercados financieros no siempre hay vinculaciones directas entre las noticias y los movimientos de las valoraciones de los activos y, por ende, es muy complicado tomar decisiones que aporten valor en las carteras de manera directa. Es más, lo habitual es que, actividad muy común en los medios de comunicación, una vez que ha pasado algo en los mercados, se intente justificar su evolución en función de lo acaecido por aproximación, pero sin que realmente haya una justificación directa.

¿Qué podemos hacer para gestionar esta sensación de poco confort al invertir en los mercados financieros? Lo primero, entender su funcionamiento y cómo la información pública afecta temporalmente a las inversiones cotizadas, lo que, dicho sea de paso, influye en el resto de todos los activos restantes, pero o no se percibe por los inversores o no podemos hacer nada, vivimos con ello. La mejor expresión para describir esto es «ojos que no ven, corazón que no siente».

El famoso inversor estadounidense Warren Buffett ha comentado en varias ocasiones que los mercados bursátiles son un dispositivo magnífico para traspasar riqueza entre los inversores formados y los que no lo están. Los primeros saben cómo funcionan los mercados, sus reglas, y están preparados emocionalmente para sus vaivenes, por lo que no se asustan fácilmente con las correcciones; en cambio, los que no tienen formación ni experiencia son presa fácil para entrar en pánico en estos momentos, deshaciendo posiciones a precio de saldo, situación que aprovechan los más avezados para verse muy bien remunerados.

La manera para no entrar en pánico es contar con una política de inversión que separe adecuadamente las necesidades económicas complementarias (para comer bien), guarde colchones de seguridad (para dormir bien) y sea capaz de crecer en valor en el tiempo (para crecer bien).

9
¿QUÉ ES LO IMPORTANTE EN LA GESTIÓN DE LAS INVERSIONES FINANCIERAS?

Uno de los mayores problemas de los inversores particulares (y de muchos profesionales) es querer batir al mercado, por lo que se ven obligados a tomar decisiones de inversión basándose en la información disponible en cada momento. Pero ¿por qué quieren batirlo?:

- Por la vanidad de lograrlo, pues muy pocos son capaces de hacerlo.

- Porque los retornos de los mercados financieros no les parecen suficientes.
- Por pura ambición.

Los retornos que producen los mercados a largo plazo son magníficos por sí solos y, además, al capitalizarlos de manera compuesta a largo plazo generan unos resultados impresionantes en el tiempo, como se ha mostrado anteriormente. No obstante, está claro que cualquier mejora de rentabilidad es bienvenida, pero no las pérdidas ocasionadas por esta búsqueda.

Pero antes de avanzar definamos los escenarios posibles de las opciones para alcanzar ese valor añadido, las capacidades necesarias para lograr tener éxito y las implicaciones de las decisiones para tratar de explotar estas posibilidades.

En páginas anteriores, hemos comentado varios estudios que con una enorme evidencia empírica demuestran que la parte del proceso de inversión más importante es la definición de la política de inversión. Esta arroja una distribución de clases de activos que justifica más del 90 % del éxito de alcanzar el retorno esperado de una cartera de inversión[1].

Por simplificarlo, podríamos definir tres clases de activos: activos del mercado monetario (depósitos, pagarés de empresa, deuda pública o instrumentos similares a la liquidez a un plazo inferior a 18 meses), renta fija (deuda de Estados y empresas con distinto grado de calificación crediticia, que van desde plazos de 18 meses hasta la perpetuidad) y renta variable (participaciones en el capital de empresas cotizadas).

Idealmente, una vez definida la estructura de cada clase de activo, usaremos «cucharadas» de cada una para alcanzar la combinación deseada y adecuada para cada objetivo.

Si esta parte fundamental de la distribución de activos justifica más del 90 % del éxito, quiere decir que el 10 % restante se consigue con: 1) las decisiones tácticas temporales derivadas de los posibles escenarios económicos que puedan darse y que justifiquen que el inversor se aleje de la posición estratégica y 2) la selección de instrumentos financieros en los que invertir.

Yendo al primer factor, ¿cuáles son las posibilidades de beneficiarse de tomar decisiones tácticas en función de la información pública que justifiquen desviarse de los pesos por clase de activo fijados en la política de inversión?

En cuanto a la posibilidad de interpretar las señales que se van haciendo públicas y definir las operaciones que hay que realizar como consecuencia de ellas, se requiere conocer el valor real de un activo financiero para discernir qué movimientos hacer y así maximizar el retorno esperado. Esto se precisa porque los mercados tienden a fijar el valor de los activos descontando hoy el valor de sus dividendos futuros.

Sin embargo, todos los días aparece nueva información que afecta de una manera u otra a los beneficios futuros de las empresas o a variables macroeconómicas, lo que influye en las tasas de descuento que justifican el valor intrínseco de las compañías. Este flujo de información genera que los precios de los activos se muevan como en una montaña rusa, de forma que unos días se ven expuestos a factores positivos y otros a negativos. Desgraciadamente, no hay devengos diarios, como en depósitos o cuentas remuneradas, sino rachas inesperadas.

Si lo anterior es de por sí extremadamente complejo, ahora habría que ser capaz de marcar en qué momento realizar las operaciones, sean de compra o de venta, que generen este cambio táctico. Y a lo anterior hay que sumar una dificultad adicional: los múltiples *inputs* que podamos recibir por el camino y que, se quiera o no, afectan a las emociones, por lo que nuestra capacidad para interpretar estos *inputs* se nubla a medida que pasa el tiempo, lo que nos puede jugar una mala pasada. Por ejemplo, en momentos de euforia es posible que compremos más caro y en los de inquietud que vendamos barato. Lo anterior genera enormes desviaciones del perfil de riesgo y de las estrategias originales que acaban por alejar al inversor del camino definido sin ninguna garantía de éxito.

Por tanto, es altamente complicado para un inversor adivinar el mejor momento para invertir y desinvertir. Como bien comentaba el Premio Nobel de Economía Daniel Kahneman, «el retorno medio del inversor es significativamente menor que el de los índices, principalmente por intentar acertar el momento de entrada y de salida», y gran parte de ello ocurre porque normalmente los mejores días se dan en los peores momentos del sentimiento de los inversores, que es justo cuando el inversor suele no estar invertido.

EJERCICIO PRÁCTICO

Una muestra de ello es que, si los días de mayor rentabilidad hubiéramos estado fuera de mercado, habríamos conseguido una rentabilidad anual promedio muy inferior a mantenernos invertidos, tal y como se observa en el gráfico del índice S & P 500:

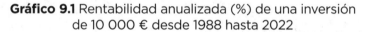

Gráfico 9.1 Rentabilidad anualizada (%) de una inversión de 10 000 € desde 1988 hasta 2022

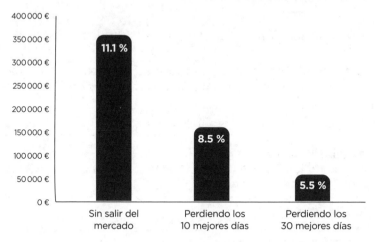

Por otro lado, en el supuesto de que un inversor fuera capaz de acertar siempre el mejor momento de entrada, ¿realmente existe tanta diferencia con su antagonista, es decir, con alguien que tenga la peor de las suertes a la hora de elegir cuándo invertir?

La respuesta es que no, y para demostrarlo vamos a realizar un ejercicio sencillo:

- Imagina que, en primer lugar, inviertes recurrentemente 1000 € en el punto más bajo del S & P 500 durante cada uno de los últimos 30 años. O, lo que es lo mismo, eres el inversor más afortunado, pues siempre eliges el mejor momento del año para realizar tus inversiones.

- En segundo lugar, inviertes recurrentemente 1000 € en el punto más alto del S & P 500 durante cada uno de los últimos 30 años. Es decir, te encuentras en el peor de los casos.

- Y, finalmente, inviertes 1000 € el primer día de cada año de los últimos 30 años.

A continuación se muestran los resultados :

Gráfico 9.2 Diferencia en rentabilidad promedio a 30 años con diferentes momentos de inversión

Rolling 30 años	Mínimo	Promedio	Máximo
Rentabilidad anual invirtiendo 1000 € en el punto más bajo cada año	4.58 %	9.61 %	15.67 %
Rentabilidad anual invirtiendo 1000 € en el punto más alto cada año	3.36 %	8.43 %	14.45 %
Rentabilidad anual invirtiendo 1000 € en el primer día de cada año	4.57 %	9.34 %	15.13 %
Diferencia anual entre invertir en el punto más bajo vs. en el punto más alto cada año	0.94 %	1.17 %	2.02 %
Diferencia anual entre invertir en el punto más bajo vs. el primer día cada año	-2.05 %	0.27 %	1.70 %

Nota: La rentabilidad *Rolling* calculada en periodos de 30 años desde 1930 hasta 2019 de la Bolsa americana. Por ejemplo, 1930-1959, 1931-1960, y así sucesivamente. La rentabilidad anual promedio está calculada en términos anuales. La inflación desde 1930 hasta 2019 fue de un 3.2 % anual.

Como se puede comprobar en los resultados, en promedio la diferencia entre acertar y errar siempre el momento de entrada es tan solo de un 1.17 % y, si comparamos simplemente con invertir el primer día de cada año, se reduce a un 0.27 %. En conclusión, y asumiendo que es imposible acertar siempre el momento preciso de invertir en el momento más bajo del año, parece no tener sentido destinar recursos a intentar adivinarlo. Ya lo decía también el afamado inversor Peter Lynch años atrás: «La gente pasa todo este tiempo intentando descifrar cuál es el mejor momento del año para invertir y cuándo debería invertir... Y, sin embargo, es una pérdida de tiempo... No merece la pena».

Además del gran consumo de tiempo que requiere adivinar los mejores momentos para hacer operaciones, estos cambios tácticos en las carteras implican un número elevado de operaciones que llevan asociadas unos abultados costes de intermediación, el impacto del lucro cesante por los momentos en los que no se está invertido, la búsqueda costosa de la liquidez en el mercado y los impuestos, factores que erosionan una gran parte de las ganancias potenciales.

Vayamos al segundo factor, la selección de instrumentos de inversión: una vez más, con el ánimo de simplificar y a efectos de mostrar un ejemplo, vamos a tomar de referencia como alternativa de inversión los fondos de inversión, que son instituciones de inversión colectiva reguladas y supervisadas, ya que deben cumplir unas medidas de protección para los inversores, como la diversificación.

Para tener éxito en este aspecto, tenemos que poder identificar *a priori* qué gestores de fondos de inversión serán capaces de hacerlo mejor que el mercado gracias a su capacidad de explotar positivamente cambios tácticos en los fondos que gestionan. Aquí nos vuelve a aparecer el reto de batir al mercado con decisiones tácticas, lo que, como se ha detallado anteriormente, no resulta tarea sencilla.

Adicionalmente, hacer una buena y rentable selección de inversiones es sumamente complejo por la polaridad de resultados que se generan todos los años por los diferentes instrumentos en los que invertir. Recuerda que el resultado de los índices se debe a pocos títulos que tienen una sorprendente evolución positiva, cuando el resto de las compañías o emisiones lo hacen peor.

Asimismo, los fondos que suelen intentar batir al mercado son conocidos por considerarse fondos de gestión activa en los que los gestores toman decisiones de inversión (tácticas y de selección de instrumentos) buscando batir su índice de referencia percibiendo por ello una comisión de gestión superior. La alternativa sería implementar las carteras con fondos indexados a su índice o, lo que es lo mismo, fondos que replican la composición del índice, comprando todas y cada una de las empresas que se encuentran en él, y todo ello asumiendo un coste muy reducido.

Veamos un ejemplo con las inversiones en renta variable (Bolsa). El retorno medio del mercado es del x %, y debe ser repartido entre los fondos pasivos y los activos. Si los pasivos obtienen el retorno del mercado, todos los activos generan un retorno similar al mercado. Dado que es imposible que todos obtengan un retorno igual, habrá fondos que lo hagan peor que el mercado y otros que lo harán mejor.

Bill Sharpe, en su publicación de la Universidad de Standford de 1991[2], probó que el exceso de rentabilidad (por encima del índice de referencia) de todos los gestores activos de un mercado es cero porque todos obtienen la media del mercado y, por definición, este no se puede batir a sí mismo.

Además, como hemos comentado anteriormente, los fondos activos asumen comisiones de gestión superiores a las de los pasivos. Por ello, el retorno de los fondos activos será el retorno del mercado menos ese coste de gestión. Si no hubiera fondos con mejor y peor resultados, su retorno resultaría siempre inferior al de los pasivos por el mayor coste que asumen.

Reconocemos por tanto que hay fondos que lo hacen mejor que el índice de referencia y otros que lo hacen peor antes de costes. Para batir al índice los gestores tienen que asumir decisiones de inversión que pueden salir bien o mal, por lo que habrá períodos de aciertos y de fracasos. Así, debería haber gestores que, cuando lo hagan bien, originen un retorno superior a los que restan valor para que, en el mejor de los casos, su aportación agregada de valor sea positiva porque de lo contrario estarían mejor indexados.

No obstante, una proporción discreta de los gestores de fondos todos los años baten al índice, pero no hay ninguna relación o correlación entre los que lo hacen bien un año y el siguiente. Por tanto, se trata más de un juego de azar, cuando no se usan artimañas para invertir en activos de fuera del índice que siguen para mostrar un mejor resultado temporal, que de un proceso de análisis que ayude a identificar a los gestores que lo harán mejor. Aunque como en cualquier juego, todo depende en cierta medida de la suerte, pero esta es una distribución normal cuya media resulta cero. ¿Cuánto estaríamos dispuestos a pagar de más comisiones a un gestor por su suerte? En general, debería ser muy poco.

Profundizando más en el asunto, ¿cómo puede un inversor saber si un gestor de fondos tiene esta capacidad y ventaja competitiva *a priori*? El inversor tendría que conocer pormenorizadamente cómo piensan el gestor y su equipo, qué creencias de inversión y capacidades de acceso al mercado tiene y en qué ventajas competitivas podría apalancarse para ser capaz de acertar de manera sostenible en el tiempo, y asumir que nunca variará su filosofía.

No vale refugiarse en que en el pasado haya obtenido buenos resultados, ya que pueden darse situaciones de mercado diferentes, con políticas monetarias distintas, con cambios en la situación macro o en el equipo, etc. Esto queda muy bien reflejado en la frase que obligatoriamente aparece en cualquier documento comercial de cualquier fondo de inversión: «Rentabilidades pasadas no garantizan rentabilidades futuras».

Si a pesar de lo anterior buscásemos en la información histórica de resultados de todos los gestores, llegaríamos a la conclusión de que solo un porcentaje muy reducido, menos de un 5 %, bate al índice[3]. Pero, lamentablemente, cada año no son los mismos, es decir, no hay evidencia empírica de que alguien sea capaz de batir al mercado de manera consistente en el tiempo.

En conclusión, y como hemos comentado, más del 90 % del éxito[4] proviene de definir una política de inversión para cada objetivo y el 10 % restante, de las decisiones tácticas y de la selección de fondos. Este último 10 % es realmente complicado de obtener como un factor que contribuya, de forma estable, a mejorar la rentabilidad esperada del inversor.

Así, las decisiones tácticas y la selección de productos de inversión para que lo hagan mejor que la media del mercado son tareas difíciles y, aunque pueden aportar un potencial retorno adicional, también lo pueden destruir. Si tuviéramos que inclinarnos sobre estas dos posibles palancas de generar valor adicional, para tener éxito en los cambios tácticos en caso de querer realizarlos, se podría conseguir solo actuando en los casos en los que se encuentren dislocaciones del mercado o se llegue a situaciones absurdas, es decir, para proteger riesgos destacados que se dan muy puntualmente. En estas situaciones recomendaríamos fijar *a priori* qué hitos o circunstancias deberían darse en el futuro para desactivar tal decisión táctica.

No obstante, es más fácil tener éxito con la selección de instrumentos de inversión, que ya hemos dicho que resulta enormemente complejo, que acertar con las visiones tácticas de las carteras.

Quizás la alternativa más factible de lograr cierto éxito con la selección de inversiones, en caso de que se desee realizarlo, sería eliminar la posibilidad de invertir en gestores que no sean consecuentes con su estilo de inversión o que tomen grandes desviaciones de sus índices por el daño que podrían causar si no aciertan con ellas. Del mismo modo, buscando alternativas con menos costes es posible tener menor fuga de rentabilidad. En cualquier caso, parece más favorable pecar por lo sencillo, pues aporta más garantías de éxito que buscar valor adicional mediante estrategias complejas[5].

10
RIESGOS ASOCIADOS A LA INVERSIÓN

Invertir es inherentemente una actividad incierta a corto plazo debido a la a propia naturaleza de los activos financieros, pues recogen de manera continua toda la nueva información que va apareciendo y que afecta a sus precios de manera desordenada. Por tanto, esto conlleva aceptar altibajos que, como inversores, debemos comprender y asumir para exponernos únicamente a aquellos escenarios que nos permitan dormir tranquilos[1].

A este respecto hay que distinguir dos tipos de situaciones: 1) las pérdidas siniestrales, de pérdida total o de cantidades mayoritarias de la inversión y 2) las oscilaciones en precio sujetas a las fuerzas del mercado.

Asemejando la inversión a la conducción de un vehículo, hay determinados riesgos a los que estaremos expuestos por el mero hecho de conducir (invertir), lo que se conoce como *riesgo sistemático, general de mercado* o *no diversificable;* mientras que otros serán consecuencia del vehículo que escojamos o de nuestra forma de conducir, estas últimas consideraciones son conocidas como *riesgos específicos* o *diversificables.*

De igual manera, hay conductores que les atrae más la velocidad del vehículo y a otros la seguridad, o dicho de otra manera, rentabilidad frente a la gestión de los riesgos. En general, los inversores noveles tienden a priorizar la obtención de retornos sobre la minimización de los riesgos. Al hacer esto, buscan maximizar la rentabilidad ampliando principalmente mucho el abanico de riesgos posibles a los que se exponen, lo que los lleva a aumentar las posibilidades de acabar teniendo un siniestro que destruya en pocos segundos el enorme esfuerzo de haber acumulado nuestro ahorro durante muchos años.

Por un lado, tenemos que reducir nuestras probabilidades de enfrentarnos a un siniestro evitando la concentración de patrimonio en pocas posiciones. Así, si nos viéramos expuestos a una pérdida total en alguno de nuestros activos, su impacto será reducido sobre el total de nuestro patrimonio. Es decir, la principal manera de protegerse es mediante la diversificación inteligente, que es la esencia fundamental de las inversiones. Decimos diversificación inteligente, porque como se comentó en el mercado en la crisis financiera de 2008, «no solo no hay que poner todos los huevos en una misma cesta, sino que no hay que subirlos encima de un camión con un conductor borracho».

Gracias a la diversificación se pueden disminuir muchos de los siguientes riesgos en una cartera de inversión. Los inversores nos vemos recompensados por el riesgo general del mercado y no por el riesgo especifico porque si lo asumimos es por decisión propia a pesar de que no genere retornos adicionales. En resumen, como el riesgo especifico no nos aporta nada a largo plazo, es muy sencillo eliminarlo mediante la diversificación.

Como ejemplo ilustrativo pero no exhaustivo estarían los siguientes aspectos:

- **Riesgo de liquidez.** Se trata de la imposibilidad de hacer líquido un activo financiero de forma rápida y sin sufrir pérdidas respecto a su valor de mercado. En general, cuanta menos demanda haya de un activo, mayor será su riesgo de liquidez, que se amplificará en momentos de estrés de mercado. En determinadas circunstancias, por ejemplo, en la crisis financiera de 2008, puede ser imposible vender un determinado activo.

- **Riesgo de crédito.** Hace referencia a la probabilidad de que el emisor del instrumento financiero no cumpla sus compromisos de pago. Por ejemplo, que el emisor de un bono no efectúe el pago de los cupones acordados o la devolución del capital prestado.

- **Riesgo de divisa.** Cuando un inversor compra activos financieros denominados en una divisa diferente a su divisa base, es decir, aquella en la que recibe los ingresos y realiza sus pagos diarios, se ve expuesto a la fluctuación del tipo de cambio entre ambas divisas. Por tanto, si la moneda en la que invirtió pierde valor respecto a su divisa base, el inversor sufrirá una pérdida.

- **Riesgo de tipos de interés.** Cuando los tipos de interés se incrementan, el valor de los activos financieros, cuya rentabilidad potencial depende de ellos, suele caer, pues los emitidos a partir de dicha subida reportarán mayores beneficios que los ya emitidos, disminuyendo la demanda de estos últimos.

Respecto a la segunda situación, las oscilaciones en precio, estas deberían venir marcadas por el plazo de la inversión. Los objetivos próximos tendrán una baja volatilidad y los de largo plazo una mayor porque con el tiempo estos movimientos tienden a compensarse.

Adicionalmente es recomendable tener en cuenta que la inversión requiere de un «músculo mental» que permita sobrellevar la volatilidad diaria. Este músculo se va desarrollando, como en el gimnasio, con la experiencia (entrenamiento) y el tiempo (constancia y disciplina), y por ello es conveniente ir aumentando los plazos de los objetivos de inversión progresivamente en la medida que nos vamos adaptando a convivir con los vaivenes del mercado. También el hecho de tener una política de inversión, con objetivos segmentados, nos debe ayudar a tolerar mejor los diferentes grados de volatilidad.

11
COSTES ASOCIADOS A LA INVERSIÓN

Una de las pocas certezas que existen en el mundo de la inversión es que, entre dos inversiones idénticas, la que soporte una estructura de costes inferior logrará mayores rentabilidades futuras. Esta afirmación es una máxima al hablar de inversiones, pues los costes (operativos, fiscales, etc.) son el principal drenaje de rentabilidad.

En general encontramos dos tipos de costes: 1) explícitos, los que el inversor desembolsa, y 2) implícitos, que están incluidos en el precio del producto y reducen el retorno de la inversión, por lo que pasan desapercibidos por el inversor.

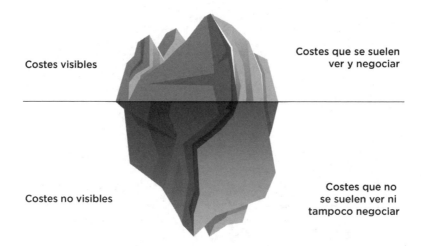

Costes visibles

Costes que se suelen ver y negociar

Costes no visibles

Costes que no se suelen ver ni tampoco negociar

A continuación se explican brevemente los principales costes que se integran en cada una de las categorías anteriores:

- Costes explícitos:

  - Intermediación: coste derivado de la compraventa de instrumentos de inversión. Puede ser una tarifa fija (p. ej., 5 € por operación) o variable (p. ej., un 0.10 % sobre el importe total de la operación).

  - Custodia: coste asociado al mantenimiento y la administración de los títulos valores de inversión en una entidad financiera.

  - Asesoramiento o gestión: coste proveniente de la prestación de servicios de inversión por parte de una entidad financiera.

- Costes implícitos:

  - Horquilla de precios de compraventa: los activos financieros, en contra de lo que puede ser intuitivo, tienen dos precios, uno de compra y otro de venta. No obstante, en función de las condiciones de mercado y del tipo de activo, la diferencia entre uno y otro puede llegar a ser significativa, pudiendo soportar el inversor un coste superior en momentos de estrés de mercado o al operar en activos con poca liquidez.

○ *Ongoing Charge Figures (OCF):* métrica en porcentaje de los costes recurrentes y extraordinarios anuales de referencia de un vehículo de inversión, que agrupan, por ejemplo, las comisiones de gestión, distribución, auditoría, custodia, administración, marketing y análisis. No existe factura explícita de ninguna de estas comisiones, sino que se sustraen del valor liquidativo del propio vehículo de inversión.

EJERCICIO PRÁCTICO

A continuación, en el gráfico 11.1 se muestra cómo evoluciona la rentabilidad acumulada de una inversión para diferentes niveles de costes anuales y asumiendo que se obtiene una rentabilidad anual del 5 %.

Como puede comprobarse, el inversor que ha pagado un 2 % de coste anual acumula un 38.4 % de rentabilidad en 10 años, mientras que el que solo ha pagado un 0.5 % acumula un 62.3 %, lo que resulta en una diferencia del 23.9 %, que se amplifica con el paso de los años debido a la erosión anual, que, capitalizada a plazos largos, destruye una parte muy significativa del retorno generado, y con ello, el importe en euros final asumiendo el mismo riesgo.

Gráfico 11.1 Evolución rentabilidad acumulada para diferentes niveles de gasto

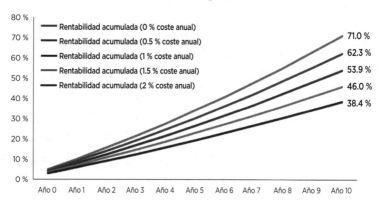

12

REBALANCEO DE LAS CARTERAS

El objetivo principal del rebalanceo es reducir el riesgo; en este caso, de no cumplir los objetivos marcados en la política de inversión que constituye el mayor determinante del perfil de riesgo-rentabilidad y del éxito de las carteras. La principal razón de realizar el rebalanceo estriba en que las carteras se desajustan porque las distintas clases de activos responden de manera diferente a los distintos eventos del mercado o, en otras ocasiones, porque nuestros objetivos se hayan modificado.

Pero hay que tener en cuenta que el rebalanceo no es solo un ejercicio teórico, sino que a veces puede tener costes o implicar el pago de impuestos, por lo que no interesa realizarlo de manera constante[1]. Además, dependiendo del tipo de inversión, puede dejarnos algunos días fuera de mercado —no recogiendo rentabilidades, positivas o negativas, de estos días—, por ejemplo, en el caso de los fondos de inversión, en especial si invertimos a través de personas jurídicas.

Es recomendable realizar los rebalanceos de la cartera motivados por las siguientes razones[2]:

- Cambios en los objetivos de la política de inversión (nuevos objetivos, variaciones en importes, eliminación de objetivos, etc.).

- Cambios de pesos por los efectos del mercado en las distintas clases de activos.

- Cambios en el horizonte temporal de los objetivos o alguna otra característica (vencimiento del objetivo, cambios en la liquidez deseada, etc.).

- Aportación o retirada de fondos de la cartera.

Existen dos estrategias principales para implementar el rebalanceo:

1. Por calendario. Se define una frecuencia temporal en la que se realizará el rebalanceo (mensual, trimestral, anual, etc.) y en ella se rebalancea la cartera a los pesos definidos en la política de inversión independientemente del desvío que haya tenido la cartera. La única variable que se considera aquí es la frecuencia o el calendario fijado de revisión de la cartera.

2. Por límite de variación. Se define un límite de variación permitido por clase de activo (1 %, 5 %, 10 %, etc.) y, si la desviación lo alcanza, se rebalancea la cartera a los pesos definidos en la política de inversión, independientemente de cuándo sea (no se tiene en cuenta el tiempo como variable).

Gráfico 12.1 Ejemplo teórico de rebalanceo de una cartera de inversiones

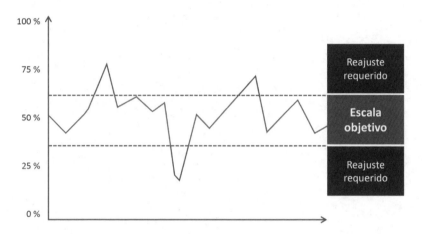

La aplicación de un rebalanceo sistemático permite reducir el riesgo de las carteras de inversión y, además, mejorar la rentabilidad. Esta mejora se deriva de que cuando un activo sube de su nivel de exposición objetivo porque su valor ha aumentado, lo vamos reduciendo, al tiempo que compramos aquellos que están baratos, manteniendo la estructura de cartera coherente con los objetivos y de esta manera no nos alejamos del rumbo inicial.

13

CÁLCULO DE LA RENTABILIDAD DE UNA INVERSIÓN

La rentabilidad finalmente asociada a una inversión dependerá del método utilizado para medirla. Existen muchos, pero aquí nos centraremos en los dos más conocidos y utilizados:

1. **Retorno sin tener en cuenta los flujos** *(Time-Weighted Return [TWR])***.** Consiste en calcular la rentabilidad de una inversión ponderada por el tiempo; es decir, no considera los flujos de entrada o salida que haya tenido la cartera de inversión. En consecuencia, mide el rendimiento de una inversión independientemente del importe invertido o de cuántas veces se haya aportado o

retirado capital. Se calcula de la siguiente manera para cada período objeto de estudio:

$$\text{TWR} = \frac{(\text{Valor final - Valor inicial + Reembolsos - Aportaciones})}{\text{Valor inicial}}$$

Posteriormente, hay que capitalizar las rentabilidades de todos los períodos estudiados. Para ello, llevamos a cabo la acumulación de rentabilidades de la siguiente manera:

TWR (acumulada): $[(1+r_1) * (1+r_2) \ldots * (1+r_n)] - 1$

r_1: rentabilidad del periodo 1
r_2: rentabilidad del periodo 2
r_n: rentabilidad del periodo n

Por tanto, este método de cálculo es el ideal cuando se desea comparar distintas inversiones. Por ejemplo, si comparamos fondos de inversión de esta forma, seremos capaces de dilucidar qué gestor lo hace mejor que otro sin vernos influenciados por nuestras decisiones de inversión y desinversión.

2. **Rentabilidad ponderada por flujos** *(Money-Weighted Return [MWR])*. Se basa en calcular la rentabilidad de una inversión ponderada por el dinero invertido o desinvertido. Muestra la rentabilidad que obtenemos por una inversión considerando el dinero que tenemos invertido en ella en todo momento. A diferencia del método anterior, en este se tienen en cuenta las aportaciones y retiradas durante el período de inversión y cuándo se han realizado.

Para su cálculo se utiliza la tasa interna de retorno (TIR; *Internal Rate of Return [IRR]*). Este cálculo consiste en descontar el retorno de la inversión al punto inicial, ofreciendo una medida de la rentabilidad de la inversión desde su inicio. No obstante, al estar influenciada por las decisiones de aportaciones y reembolsos del inversor, no suele usarse para comparar activos financieros como los fondos de inversión, sino más bien en posibles proyectos de inversión, como en los inmuebles o el *private equity*.

A continuación se presenta un ejemplo comparando las dos métricas:

Gráfico 13.1 Ejemplo comparativo de cálculos de rentabilidad

Año	Valor inicial	Renta-bilidad	Aporta-ciones	Reti-radas	Valor final	TWR	TWR (acumu-lado)	TIR
Año 1	10 000	5.0 %	0	0	10 500	5.0 %	5.0 %	
Año 2	10 500	10.0 %		-2000	9550	10.0 %	15.5 %	
Año 3	9550	-3.0 %	10 000		19 264	-3.0 %	12.0 %	
Año 4	19 264	-10.0 %		-1000	16 337	-10.0 %	0.8 %	
Año 5	16 337	-3.0 %	1500		17 347	-3.0 %	-2.2 %	0.55 %

Como se puede comprobar en la tabla anterior, ambas métricas de rentabilidad pueden derivar en resultados totalmente opuestos; de ahí la importancia de comprender qué estamos midiendo, si el resultado de la inversión o nuestro resultado particular basándonos en nuestras decisiones. En este caso, vemos que la rentabilidad ofrecida por la inversión ha sido negativa, pero si atendemos a la rentabilidad considerando el patrón de aportaciones y retiradas del inversor, se convierte en positiva.

14

PRODUCTOS DE INVERSIÓN

Quizás una de las decisiones más complicadas a las que debemos enfrentarnos como inversores es decidir en qué instrumentos o productos invertir, pues la oferta puede ser abrumadora.

En España, por ejemplo, se pueden comprar más de 120 empresas que cotizan en el Mercado Continuo, pero si vemos el mercado de fondos de inversión, hay más de 30 000 que podemos comprar. Esta pluralidad de opciones para invertir hace que los inversores puedan perderse y llegar a sufrir la denominada *parálisis por análisis*. Es como si acudimos a un restaurante para cenar y nos encontramos con una carta de 50 páginas en la que podemos elegir todo tipo de alimentos; es probable que nos cansemos y acabemos yéndonos a otro restaurante.

Por ello es importante tener en cuenta los siguientes aspectos:

- **Pecar por lo sencillo.** Como regla de oro podemos afirmar que no se debe invertir en aquello que no se entiende en muy pocos minutos (con formación entenderemos más cosas en menos tiempo).

- **Diversificación.** Consiste en utilizar productos que de manera conjunta inviertan en una variedad de activos —siempre de manera coherente con nuestros objetivos—, reduciendo lo máximo posible el impacto negativo de que una o varias inversiones concentradas experimenten un comportamiento negativo o siniestral (disminuir la probabilidad de «perderlo todo»).

- **Eficiencia en costes.** Entre dos inversiones idénticas, la que soporte una estructura de costes menor obtendrá mayores rentabilidades a largo plazo.

- **Liquidez.** Se entiende aquí como la capacidad de poder vender nuestras inversiones de forma rápida y sin afectar negativamente a sus precios, aportando flexibilidad y tranquilidad al inversor, quien podrá recuperar el valor del capital invertido cuando se enfrente a imprevistos o requiera equilibrar sus carteras.

- **Regulación.** Los productos elegidos deberán encontrarse amparados por un marco regulatorio que prevenga el fraude, la insolvencia u otros riesgos potenciales.

- **Transparencia.** De la misma forma que un inversor no debe invertir en lo que no comprende, tampoco debe hacerlo en productos donde no tiene visibilidad acerca de dónde se encuentra invertido su capital, los costes asociados o la estructuración del vehículo.

Si unimos las anteriores características con el universo casi infinito de alternativas de inversión, nos vemos obligados a simplificar el proceso de búsqueda para no volvernos locos. En este sentido, recomiendo vehiculizar las inversiones a través de fondos de inversión, que son vehículos de inversión colectiva en los que un equipo de profesionales de la inversión gestiona el patrimonio de sus partícipes de acuerdo con un mandato de inversión predefinido.

Resumimos sus principales características:

- Elevada seguridad ante problemas de solvencia de alguna entidad financiera, ya que están fuera del balance de los bancos. Esto significa que, si la entidad quebrara, nuestro dinero estaría a salvo.

- Fiscalidad muy favorable, lo que permite capitalizar en mayor medida las inversiones en el tiempo.

- Eliminación, en gran medida, del riesgo específico mediante una extensa diversificación (con una pequeña inversión en un fondo estamos invirtiendo en un gran número de activos, sean acciones o bonos, entre otros).

- Razonables costes de gestión, en general, asociados a los productos de inversión. Medidos como porcentaje sobre los activos gestionados, se han reducido significativamente desde inicios de este siglo[1].

- Flexibilidad y comodidad (ahorro de costes en tiempo) operativas a la hora de invertir.

- Eficiencia en los costes de ejecución, ya que tienen economías de escala y negocian con un mayor volumen de capital que un inversor aislado.

- Con supervisión regulatoria y auditados.

- Proceso inversor y psicología: al estar gestionados por profesionales de la inversión, se minimiza el peso de las emociones en la toma de decisiones.

Existen dos grandes estrategias de gestión en los fondos de inversión:

1. **Gestión pasiva o indexada.** Se trata de fondos que tratan de replicar el comportamiento de un segmento de mercado, representado por un índice de referencia. En general, poseen menores costes que los fondos de gestión activa, ya que requieren realizar un menor análisis para la selección de inversiones, que vienen definidas por el segmento de mercado que quieren replicar, como la bolsa europea o estadounidense o el sector de tecnología.

2. **Gestión activa.** Son fondos en los que el equipo gestor trata de conseguir rentabilidades superiores al índice de referencia del segmento de mercado donde invierte. Suelen emplear equipos más amplios para dilucidar qué activos, *a priori,* serán los que obtendrán un mejor rendimiento en el futuro. En consecuencia, conllevan un mayor coste de análisis y seguimiento para los partícipes de los fondos.

Unos productos de inversión muy similares a los fondos de inversión pero que cotizan en mercados regulados son los *Exchange Traded Funds (ETF),* que permiten hacer operaciones de compra y venta en tiempo real mientras el mercado se encuentre abierto (en un fondo de inversión solo se puede operar al precio del cierre del día, conocido como valor liquidativo).

Existe una diferencia en el tratamiento fiscal de los fondos de inversión y los ETF en España, ya que en los fondos, si invertimos como persona física, podemos cambiar de uno a otro sin tributar (difiriendo el pago de impuestos en caso de tener plusvalías), mientras que los ETF tributan como las acciones u otros instrumentos financieros, es decir, si cambiamos de uno a otro hay que vender y comprar, aflorando la plusvalía en caso de existir y tributando por ella.

En general, la mayoría de ETF son productos de gestión pasiva que replican índices de referencia, aunque ya existen de gestión activa, de acuerdo con unas reglas sistemáticas.

15

APERTURA DE UNA CUENTA DE INVERSIÓN

Hasta ahora se ha teorizado acerca de múltiples y muy importantes aspectos de lo que conlleva dar el paso desde el lado del ahorrador hasta el del inversor, pero es el momento de pasar a la práctica, a la realidad de cómo se ejecuta el proceso de invertir como tal.

Una vez cerrada la política de inversión, que implica conocer los objetivos financieros del inversor, el siguiente paso que hay que dar es plantearse a través de qué vía ponerlo en marcha, lo que supone distintas alternativas:

- **Hacerlo individualmente.** No es una opción apta para el grueso de los inversores que no tengan la formación y experiencia adecuadas porque pueden caer presos de sus emociones y exponerse a una probabilidad alta de soportar una estructura de costes mayor, toma de decisiones en los peores momentos, estafas en los casos más extremos y un largo etcétera de riesgos de difícil solución.

- **Emplear un servicio de gestión discrecional de carteras (GDC).** A través de este servicio se delega la gestión de la cartera a un tercero. Puede ser un servicio adecuado, pero es importante que se concrete bien el mandato de gestión, que la cartera sea consistente con los objetivos y los costes resulten razonables. Este servicio puede incluirse como parte de otros más globales, como los siguientes:

- **Servicio de banca privada.** Es el más extendido. En él, como cliente, el inversor entra en el circuito de un banco con sus ofertas específicas de productos y servicios.

- **Servicio de asesoramiento (en una entidad financiera).** De acuerdo con un perfil de riesgo, la entidad propone unas recomendaciones de inversión personalizadas al cliente, quien puede decidir si las ejecuta o no. En estos casos hay que vigilar que las propuestas de recomendación sean más amplias que la pura oferta de productos de la propia entidad, incluyendo otras alternativas existente en el mercado. Para poder recibir este servicio es necesario que el inversor entienda y sepa distinguir autónomamente las propuestas que le vayan llegando; de lo contrario, es mejor no optar por él.

- **Servicios de asesoramiento independiente.** Son similares al anterior, pero en este caso el proveedor de servicios implementa el servicio con los múltiples instrumentos de inversión del mercado, no estando ligados a una entidad en particular. Esta alternativa le permite que un equipo contratado y pagado por el inversor le ayude de manera independiente en la selección de las opciones existentes en el mercado.

Una vez sabido cuál es el canal por el que trabajar, la selección de la entidad financiera que custodie los activos y ejecute las transacciones tiene una alta importancia. No solo es cuestión de obtener confort mental con la solvencia de la entidad a todos los niveles, sino que hay que seleccionar la oferta de productos, servicios y costes.

En lo que se refiere a los costes, con un buen análisis de la oferta de entidades financieras la factura puede reducirse sensiblemente. No se trata únicamente de los costes del servicio que se presta, por ejemplo, el coste de asesoramiento o de custodia (o salvaguarda de los títulos valores en los que los inversores han invertido), el coste de ejecución (operativa) y el coste de los instrumentos de inversión a través de los que se materializarán las inversiones; hay que ir más allá y plantearse cuál es el acceso a diferentes productos de inversión. Si, por ejemplo, una entidad solo deja acceder a los fondos de inversión gestionados por su grupo sin brindar la oportunidad de invertir en un abanico mayor de alternativas tiene al cliente cautivo en lo relacionado con la oferta y los costes de las alternativas propuestas.

Una vez que el inversor ha decidido la entidad y qué servicios desea contratar, se requiere cumplimentar unos requisitos legales y contractuales. Por motivos de la regulación sobre blanqueo de capitales y para la prestación de los servicios de inversión, la primera tarea que debe afrontar el área jurídica o de cumplimiento normativo de la entidad proveedora consiste en realizar un control sobre el origen de los fondos y el historial de antecedentes para conocer mejor al posible nuevo cliente.

Por ello el equipo legal de la entidad precisa un refuerzo de conocimiento de quién es el futuro cliente, lo que se conoce en inglés como *Know Your Customer (KYC)*. Este procedimiento, también legalmente exigido, recoge información añadida sobre la situación personal y financiera, lo que implica desde datos más «triviales», como el documento de identidad, una dirección o un número de teléfono de contacto, hasta otros más sensibles, como el origen del patrimonio, la actividad profesional o el nivel de ingresos, que en ocasiones deben acreditarse documentalmente y firmar el formulario correspondiente.

Esto último a veces genera malestar en los inversores. Sin embargo, al haber sido esta tarea delegada por los Estados miembros de la Unión Europea[1] (y en general de manera similar en el resto de países) y los reguladores nacionales a las entidades de inversión con responsabilidad subsidiaria, estas se encuentran sujetas a considerables sanciones económicas o incluso a la terminación de operaciones en caso de no hacerlo con la diligencia adecuada. Por ello, si en el proceso de verificación la entidad necesita profundizar, podrá realizar nuevas peticiones de información hasta quedar plenamente demostrado el conocimiento del cliente y el origen de los fondos.

Las exigencias legales culminan con el test de conveniencia, comúnmente conocido como test MiFID[2] en Europa. En él, a través de preguntas acerca de los conocimientos financieros del cliente, su historial como inversor y otras de carácter personal, como los niveles de estudios o de ingresos, se determina el perfil de riesgo que puede asumir, desde los más conservadores, que no quieren perder dinero en casi ningún caso, hasta los capaces de tolerar una mayor variación interanual debido a que sus horizontes de inversión son más a largo plazo a cambio de una rentabilidad esperada superior.

La importancia de este test radica en que un inversor, antes de nada, debe sentirse cómodo con el riesgo que es capaz de asumir para evitar enfrentarse a situaciones incómodas con el movimiento de los mercados. Pero el test tiene un valor relativo insuficiente si no se combina con una clara definición de objetivos y la consecuente política de inversión.

La selección del tipo de servicio de inversión, la elección de un banco para la custodia de las inversiones financieras y salvar los requisitos legales concluyen en la firma de una serie de contratos con las entidades intervinientes y con el asesor, en su caso, donde se determinan los servicios que la entidad suministrará, su coste y los derechos del inversor.

Antes de firmar la documentación contractual y la diferente información complementaria es recomendable interesarse por cómo será la operativa con la entidad, cómo se podrán transmitir y verificar las órdenes de inversión, cuál es la tecnología a disposición del inversor para realizar un seguimiento de la operativa (sea para la firma de órdenes, el envío y la recepción de documentos o la consulta de posiciones y su valoración) y quiénes son las personas de contacto que serán responsables de su relación.

A partir de este momento, con todo lo anterior el inversor podrá, en solitario o con la ayuda de una entidad de banca privada o un asesor, realizar y seguir las inversiones que estime oportuno.

16

DECÁLOGO DE ERRORES A EVITAR

El proceso de gestión de inversiones está plagado de obstáculos que pueden mermar drásticamente la rentabilidad que podemos obtener a largo plazo en las carteras. Basándonos en la investigación académica, la evidencia empírica, los avances de una rama financiera conocida como *behavioral finance*[1] (finanzas del comportamiento emocional) y la experiencia, he recopilado una lista de los errores más habituales que cometen los inversores. Conocerlos de antemano te puede ayudar a mejorar el resultado de tus inversiones:

1. **No definir una política de inversión.** La política de inversión es el centro del proceso de inversión: aporta la coherencia entre los objetivos personales, los mercados financieros y la cartera. De este proceso emana la

distribución que se lleva a cabo del patrimonio en las distintas categorías de activos (mercados monetarios, rentas fija y variable, inversión alternativa, inmobiliario, bienes tangibles, etc.) y zonas geográficas. La política de inversión, aunque no garantiza el éxito, te proporciona la disciplina necesaria y te ayuda a evitar las decisiones inapropiadas y los errores que en muchas ocasiones están promovidos por nuestros propios sesgos cognitivos y emociones. Su ausencia es comparable a realizar un viaje sin destino o sin un mapa que nos guíe.

2. **Dar más importancia a la rentabilidad que a los riesgos.** En muchos casos fijarse principalmente en la rentabilidad distrae enormemente de los riesgos a la hora de tomar decisiones. Si te dejas llevar por rentabilidades atractivas, no realizas un riguroso análisis de los riesgos potenciales que entrañan las inversiones. Debes desconfiar de las alternativas que ofrezcan rentabilidades muy superiores a las de los activos tradicionales (letras, bonos y acciones) hasta no entender con claridad qué subyace en el producto de inversión en cuestión; en su defecto, resulta mucho mejor escoger las alternativas más sencillas.

Antes de invertir en productos financieros desconocidos, por mucho que los recomiende el director de una sucursal o un banquero privado, tienes que entender los riesgos que asumes, así como las características específicas del producto, como la exposición a las distintas clases de activos, las alternativas de liquidez, plazo, costes, fórmulas de cálculo de rentabilidades y penalizaciones por reembolsos antes de plazo, riesgo operativo, etc. En conclusión, el conocimiento de las alternativas de inversión y la gestión de los riesgos son más importantes que la rentabilidad esperada.

3. **No diversificar las carteras.** No todo el riesgo en las carteras está remunerado por el mercado. Las inversiones solo son compensadas por asumir riesgo sistemático no diversificable, esto es, el riesgo que queda después de diversificar una cartera. Dicho de otra forma: el mercado no remunera carteras concentradas en pocos activos y con una alta volatilidad, ya que mucha de esta se puede eliminar fácilmente ampliando los valores en cartera (p. ej., invirtiendo en fondos de inversión, que están muy diversificados), como demuestra la teoría moderna de carteras.

4. **Intentar adelantarse al mercado (exceso de decisiones tácticas).** Todos sabemos cómo ganar dinero: comprar antes de que suban los mercados y vender antes de que bajen. El problema es la ejecución, como se pone de manifiesto viendo las estadísticas de suscripciones y reembolsos de fondos de renta variable. La consultora estadounidense DALBAR Financial Services demuestra que los inversores en fondos de inversión de renta variable en EE. UU. acaban obteniendo rentabilidades del 25-30 % de la obtenida por los índices bursátiles a largo plazo como consecuencia del *trading* en las carteras y de los costes asociados. Los inversores particulares (y los profesionales) son incapaces de anticipar correctamente el mercado de manera persistente.

Lo descrito es consecuencia de que, como inversores, acabamos actuando como si estuviéramos conduciendo, mirando el retrovisor en lugar de mirar si 500 m más adelante hay curvas o un cruce. Lamentablemente, en ese caso tendemos a invertir cuando la Bolsa ha demostrado ser una buena inversión (p. ej., acaba de subir) y vendemos cuando sucede lo contrario (p. ej., acaba de bajar), con lo que acabamos comprando caro y vendiendo barato.

Anticiparse a los mercados no es una tarea fácil, ni siquiera para los inversores profesionales. Los mercados descuentan con brusquedad la información disponible y suelen moverse de una forma errática. Aunque los niveles de valoración de los activos tienden a reflejar la valoración de sus flujos económicos a largo plazo, a corto plazo parecen ser aleatorios. Este proceso de anticipación es una de las mayores fuentes de riesgo de una cartera.

En capítulos anteriores hemos visto que la inversión en bolsa bate, en el largo plazo, a cualquier otra alternativa de inversión. Sin embargo la rentabilidad adicional se consigue en períodos concentrados, en concreto 4 % de los meses.

La moraleja es que no podemos correr el riesgo de perdernos este 4 % del tiempo. Y este riesgo aumenta directa y proporcionalmente con el nivel de rotación y anticipación que llevamos a cabo en las carteras. En la medida en la que los mercados tienden a subir a largo plazo, resulta más recomendable seguir una estrategia de comprar y mantener que de querer acertar día tras día cuál será el próximo movimiento a corto plazo.

5. **Dejarte llevar por modas.** Las modas son muy habituales en los mercados financieros, desde la locura por los tulipanes en el siglo XVI donde estas flores llegaron a valer más que una vivienda, pasando por la burbuja

de Internet a finales de la década de 1990, por los *hedge funds* y acabando por los recientes criptoactivos. Dejarte llevar por las modas puede poner en peligro tu plan a largo plazo, pues te distraen de tus objetivos al hacer que compres activos a precios altos y que los acabes vendiendo a precios bajos.

Es importante evitar los «cantos de sirena»[2], sean del gestor estrella, del empleado de la sucursal bancaria, que ofrece un producto de moda después de una subida muy prolongada asegurando que continuará subiendo, o de los titulares de la prensa, que se unen con mucho retraso a las tendencias de forma repetitiva. Una vez más, la mejor manera de evitar estas situaciones es tener bien definida tu política de inversión, que hará el papel de mástil al que mantenerte atado, al igual que hizo Ulises en *La Odisea* al regresar después de la guerra de Troya hacia el puerto de Ítaca.

6. **Vender posiciones con plusvalías y mantener las que tienen minusvalías.** Es habitual ver a inversores particulares mantener posiciones indeseadas en sus carteras, pero como están en pérdidas, las aguantan a la espera de que recuperen para venderlas entonces. Esto sucede porque vender una posición con pérdida les produce un agravio emocional, sea porque ofende su vanidad o porque uno acaba emocionalmente vinculado a una posición en particular. Sin embargo, nuestras inversiones fluctúan a diario. Sin considerar el impacto fiscal, daría lo mismo vender, comprar o mantener cualquier posición a diario; de hecho, al mantener una posición día tras día, si no hubiera fiscalidad ni costes, estaríamos volviéndola a comprar.

Al mantener una posición con pérdidas, perdemos el coste de oportunidad de invertir en otra que vaya mejor en términos comparativos. Por tanto, más que «enamorarte» de inversiones particulares, has de pensar en cómo puedes reducir los riesgos y alcanzar tus objetivos desde el punto de vista global de la cartera. Las inversiones tienen que estar diseñadas con objetivos claros y límites preestablecidos para evitar riesgos innecesarios.

Así, cuando una inversión individual va mal o pierde, primero hay que situarla en el contexto de la cartera en su totalidad y luego entender por qué actúa de esta manera. Así solo la cambiarás cuando no cumpla los requisitos que le impusiste al principio.

Es normal en una cartera que haya posiciones (valores, fondos, etc.) con pérdidas en un momento determinado; de hecho, si todas suben de manera muy parecida puntualmente, es que no está bien construida la cartera y, por tanto, podría ir toda mal en otro momento de forma sincronizada, generando con ello una gran volatilidad.

Tienes que considerar la cartera como un todo y no como una suma individual de inversiones. Si vendieses únicamente las posiciones en plusvalía dejando para más tarde las que tienen minusvalías, estarías eliminando las ventajas de la diversificación y acabarías teniendo una cartera menos eficiente, peor estructurada y con una mayor volatilidad.

7. **Ignorar los costes.** Sin duda los costes son el mayor drenaje de la rentabilidad de la cartera. Hay dos problemas: suelen ser injustificadamente altos y muchos no se ven a primera vista (como en el caso de los productos garantizados).

Una cartera prudentemente diversificada puede ofrecer a largo plazo rentabilidades reales, después del impacto de la inflación, del 2 al 3 %. Tomemos el 2.5 %. Al cabo de 10 años habremos acumulado unas plusvalías reales del 28 %. Con una típica estructura de costes tanto explícitos (los que se ven fácilmente) como implícitos (los que no se ven) del 1.5 %, las plusvalías reales acumuladas pasan del 28 al 10 %. El 1.5 % en 1 año no hace daño, pero compuesto durante un plazo de 10 años supone una reducción de la rentabilidad real del ¡65 %!

Ten en cuenta que, además de las comisiones explícitas de gestión, están los costes de custodia, las comisiones de los *brokers* o intermediarios financieros, los costes de los productos financieros que subyacen a los productos estructurados o garantizados y los dividendos no percibidos.

8. **Creerte muy listo.** El mercado es un juego de suma cero. No basta con ser listo; hay que estar mejor informado y saber actuar rápidamente en función de dicha información. Reflexiona: ¿qué ventaja competitiva tienes en relación con otros jugadores del mercado que movilizan cantidades inimaginables de dinero en él? ¿Qué sabes que no sepan los demás y en qué puedes beneficiarte con esa información? Y, por mucho que sepas, recuerda a Keynes: «Los mercados pueden ser irracionales mucho más tiempo que el inversor solvente».

9. **Preocuparte mucho.** Una vez que hayas estructurado tu cartera de inversión de acuerdo con tus objetivos y restricciones, no debes preocuparte en exceso con las subidas y bajadas semanales o mensuales porque esas variaciones no son más que ruido que no te deja oír lo

importante. Las oscilaciones a corto plazo son normales; han ocurrido en el pasado y seguirán ocurriendo en el futuro. No hay nada que podamos hacer para evitarlas; debes aprender a vivir con ellas para tener éxito en tus inversiones.

10. **No dejarte asesorar.** La salud y el dinero son factores que nos preocupan mucho en nuestra vida. No dudamos en ir al médico ante cualquier malestar, pero nos cuesta un gran esfuerzo buscar asesoramiento para cuidar la integridad de nuestro patrimonio. Asimismo, sería impensable hacerse una casa sin la ayuda de un arquitecto, resolver una cuestión legal o fiscal sin un abogado o empezar a jugar al golf sin un buen profesor. No obstante, dudamos cuando se trata de la gestión de nuestro patrimonio, siendo en muchos casos los importes mucho más cuantiosos que los correspondientes a las casas o los negocios en los que puntualmente invertimos. De manera general, rechazamos la ayuda de profesionales que nos ayuden cuando menos a evitar cometer errores como los que he detallado.

Caer en errores como los mencionados pueden fácilmente suponerte una merma del 1 al 3 % de rentabilidad anual, prácticamente toda la rentabilidad real que puedes esperar generar a largo plazo después de tener en cuenta los efectos de la inflación. Así, antes de invertir deberías repasar cuidadosamente esta lista.

CONCLUSIONES

Es fundamental adquirir unos conocimientos básicos de finanzas porque en algún momento de nuestra vida nos enfrentaremos a decisiones que tienen que ver con esa materia (comprar una vivienda, pagar la educación de los hijos, planificar la jubilación, etc.).

Como decía Warren Buffett, es más recomendable «gastar después de ahorrar, que ahorrar lo que quede (si queda) después de gastar mes a mes». Ahorrar tiene mucho mérito, pero no es suficiente porque el efecto de la inflación, los gastos y los impuestos mermarán la capacidad de compra futura. La única alternativa es pasar de ahorrador a inversor, tarea no sencilla que requiere formación y experiencia, pues se deben adquirir unas capacidades que no suelen estar incorporadas en nuestro ADN al nacer.

Lo más importante en la gestión de inversiones es entender las variables críticas, que no tienen que ver con qué inversión especifica realizar o si el mercado va a subir o bajar mañana, sino con planificar y preparar nuestro plan de inversión. La clave es analizar qué necesitamos y que, aprovechando esta reflexión, definamos un plan de acción sopesado que determine una política de inversión.

Lo primero para afrontar el reto es ganar conciencia de la importancia de ahorrar e invertir y así convertirnos en personas responsables para liderar nuestra vida. Como decía el economista canadiense fallecido en 2006 John Kenneth Galbraith, «si no piensas en tu porvenir, no lo tendrás». Lo segundo que debemos hacer es aprender conocimientos básicos —como los que he intentado recoger en este libro— que ayuden a evolucionar y dar los primeros pasos hacia la propia libertad financiera. Y lo tercero, empezar con un plan que nos obligue a actuar de manera adecuada según los plazos de nuestros distintos objetivos y que nos sirva de guía para tomar mejores decisiones de inversión.

Se trata de alejarnos de la especulación y centrarnos en que la inversión no es una carrera de rentabilidad, sino una batalla intensa contra los riesgos para evitar que lo que tanto esfuerzo nos ha costado ahorrar se pueda perder en poco tiempo. Para ello hemos de reflexionar acerca de nuestra situación personal, así como sobre los objetivos vitales que pretendemos alcanzar con los recursos con los que contamos hoy y previsiblemente en el futuro.

GLOSARIO DE TÉRMINOS

- **Acreedor:** persona física o jurídica autorizada legítimamente para exigirle al deudor el pago o cumplimiento de una obligación contraída con anterioridad.

- **Activo ilíquido:** activo que, cuando llega el momento de su venta, se caracteriza por las dificultades de convertirlo de manera rápida en efectivo, pudiendo llegar a obtener una pérdida en el valor del activo.

- **Agencia de *rating* crediticio:** entidad especializada en el análisis de riesgos financieros relacionados con empresas privadas o países. Sus conclusiones sobre la capacidad y voluntad de una compañía o país para hacer frente a sus obligaciones financieras a corto y largo plazo se representan mediante un *rating*. Las principales agencias de calificación crediticia son Standard & Poor's, Moody's y Fitch.

- **Caída máxima *(drawdown)*:** caída máxima experimentada por un activo en un período de tiempo determinado.

Mide la diferencia entre el valor mínimo registrado por un activo y el valor máximo anterior a este, es decir, muestra la peor racha de pérdidas desde el último máximo hasta que es superado por el siguiente máximo. Esta caída se expresa en porcentaje y su magnitud está directamente relacionada con el riesgo específico del activo.

- **Capital social de una empresa:** valor de los bienes que los socios de una sociedad le ceden a esta sin derecho de devolución. Se constituye con los aportes iniciales de los socios, dinerarios o no dinerarios, para que la sociedad desarrolle los negocios que constituyen su objeto social.

- **Conflicto de interés:** situación en la que el juicio de un sujeto y la integridad de sus acciones están influenciados por intereses secundarios, que suelen ser de tipo económico o personal y van en contra de los intereses de un tercero. Estos perversos condicionantes comprometen la integridad del individuo, que puede terminar tomando decisiones sesgadas que no cumplen la ética o lo debido.

- **Depósito a plazo:** operación financiera que consiste en depositar dinero durante un período de tiempo determinado con el objetivo de obtener rentabilidades.

- **Deuda de los Estados (deuda pública):** conjunto de deudas que mantiene un Estado frente a los particulares u otros países. Constituye una forma de obtener recursos financieros por parte del Estado o de cualquier poder público y se materializa normalmente mediante emisiones de títulos de valores o bonos.

- **Deuda empresarial:** obligación que adquiere una empresa de devolver los fondos aportados por terceros.

- **Distribución estratégica de activos** *(Strategic Asset Allocation [SSA]):* proceso de asignación y ponderación de los activos (financieros, empresariales o inmobiliarios) a largo plazo en función de los objetivos de rentabilidad y riesgo y de las restricciones a las que se vean sometidos: horizonte temporal, necesidades de liquidez, aspectos legales y fiscales, así como otras que pudieran delimitar las alternativas de inversión.

- **Distribución táctica de activos** *(Tactical asset allocation):* proceso de asignación y ponderación de los activos (financieros, empresariales o inmobiliarios) a corto plazo con el fin de aprovechar oportunidades de mercado para mejorar la rentabilidad o reducir la exposición a algunas clases de activos que presenten un potencial riesgo.

- **Diversificación:** combinación de activos de diversas categorías y características que no se encuentran afectados por los mismos factores, logrando, de esta manera, disminuir el nivel de riesgo específico asumido. Se pretende diversificar principalmente en factores como la divisa, la zona geográfica y entre activos con características diversas.

- **Dividendo:** derecho económico concedido a los accionistas de una compañía por el que se tiene acceso al reparto de los beneficios cosechados. Se utiliza para remunerar a los accionistas por sus aportaciones de capital a la empresa. Dicha remuneración obliga a tributar fiscalmente y de manera anual al inversor.

- **Economía personal y familiar:** gestión financiera que requiere un individuo o una unidad familiar para presupuestar, ahorrar y gastar sus recursos monetarios a través del tiempo teniendo en cuenta los riesgos financieros y los acontecimientos futuros.

- **Emisión de bonos:** instrumento de deuda emitido por un Estado o una empresa privada con el objetivo de acceder a recursos a través del mercado de valores.

- **Empresa emisora:** entidad económica (del Estado o de una empresa privada) que requiere financiación para obtener un mayor crecimiento o para la realización de diversos proyectos. Dicha financiación normalmente se consigue mediante una oferta pública en el mercado de valores al emitir valores de deuda o de capital.

- **Empresa no cotizada:** sociedad cuyas participaciones no se negocian en el mercado de valores, es decir, que no tiene su capital social dividido en acciones admitidas a negociación en los mercados financieros secundarios.

- **Gestión activa:** estilo de gestión de carteras que pretende superar el rendimiento de un índice o activo de referencia aprovechando las ineficiencias de los mercados recurriendo a una selección de activos que se encuentran históricamente infravalorados y a la identificación del mejor momento para comprar o vender.

- **Gestión pasiva (indexada):** modalidad de gestión de carteras con la que se pretende obtener una rentabilidad equivalente a la del índice o índices de referencia mediante una cartera compuesta por los activos del índice (réplica física) o el uso de derivados (réplica sintética).

- **Horizonte temporal de la inversión:** período de tiempo durante el cual el inversor está dispuesto a mantener invertido su capital sin que prevea necesitarlo para otros fines. Acota de manera importante el proceso de inversión en una cartera y condiciona la clase de activo en la que se debe invertir.

- **Índice de referencia *(benchmark)*:** referencia para valorar si la gestión de un fondo o de una cartera de inversiones ha sido correcta o no bajo un análisis comparativo de rentabilidad y riesgo. Utilizar un índice *benchmark* es básico no solo para el propio gestor, sino también para el inversor, ya que sirve como control de la magnitud comparativa de los rendimientos obtenidos, así como para medir la eficiencia en la gestión en función del riesgo asumido, medido por la volatilidad de la cartera en comparación con la del índice. En definitiva, un *benchmark* es una representación de los valores pertenecientes a un segmento de mercado concreto.

- **Inflación:** proceso de aumento de precios en un país con carácter sostenido y generalizado que implica una disminución del poder adquisitivo y se mide a través del índice de precios al consumo (IPC).

- **Letras del Tesoro:** valores de renta fija a corto plazo representados exclusivamente mediante anotaciones en cuenta. Son emitidos al descuento o a premio, por lo que su precio de adquisición puede ser inferior o superior al importe que el inversor recibirá en el momento del reembolso. La diferencia entre el valor de reembolso de las letras y su precio de adquisición será la rentabilidad generada por las letras. Actualmente el Tesoro emite letras a 3, 6, 9 y 12 meses.

- **Liquidez:** capacidad de un activo para transformarse en dinero efectivo o de una persona o entidad para hacer frente a sus obligaciones financieras a corto plazo. También hace referencia a la situación de exceso de tesorería, tanto de una empresa como del conjunto del sistema financiero.

- **Media (estadística):** representa el valor promedio de un conjunto de datos.

- **Mediana (estadística):** representa el valor central de un conjunto de datos ordenados.

- **MiFID II:** regulación europea que desde 2014 armoniza la regulación sobre los mercados de valores, los instrumentos financieros que en ellos se negocian, la organización y relación con los clientes de las entidades financieras que prestan servicios de inversión y la protección al inversor. Uno de los principales objetivos de la directiva MiFID II es controlar la seguridad, eficacia y transparencia de los mercados para proteger a los inversores.

- **Patrimonio financiero:** conjunto de activos que generan rentas económicas o plusvalías, como inmuebles, empresas o activos financieros.

- **Poder adquisitivo (poder de compra):** cantidad de bienes o servicios que pueden conseguirse con una cantidad de dinero fija según sea el nivel de precios.

- **Política de inversión:** plan estratégico patrimonial donde se definen los objetivos, prioridades, restricciones y necesidades del inversor, traducidos en parámetros de inversión.

- **Préstamo:** producto financiero que permite a un individuo acceder a una cantidad fija de dinero con la condición de devolverla más los intereses pactados en un plazo determinado.

- *Rating* **crediticio:** sistema mediante el cual las agencias de calificación valoran la solvencia crediticia de un emisor o de una emisión en particular. El *rating* crediticio otorgado repercutirá en las condiciones que tendrán que ofrecer los emisores (empresas privadas, gobiernos u organismos públicos) para lograr colocar sus emisiones. Cuanto menor es el *rating,* menor es la capacidad para satisfacer la deuda y, por tanto, mayores tendrán que ser los intereses ofrecidos para que los inversores suscriban sus emisiones. Las principales agencias de calificación son Standard & Poor's, Moody's y Fitch. Se puede clasificar entre grado de inversión (alta calidad crediticia) y grado especulativo (baja calidad crediticia, también conocido como *bonos basura*).

- **Rentabilidad:** obtención de beneficios o resultados en una actividad económica o inversión. Mide cómo una inversión se ha revalorizado (o devaluado) en un determinado período de tiempo.

- **Rentabilidad acumulada:** revalorización o devaluación porcentual del valor de un activo financiero en un período de tiempo determinado. Se suele utilizar, por ejemplo, para medir los resultados obtenidos por el gestor de un fondo durante un horizonte temporal determinado.

- **Rentabilidad anualizada:** indica el porcentaje de beneficio o pérdida en términos anuales, independientemente del plazo en el que se haya obtenido.

- **Rentabilidad esperada:** rentabilidad que se espera obtener de cara al futuro; por tanto, es una estimación.

- **Riesgo:** combinación de probabilidades de que se produzca un evento con consecuencias negativas. Cuando se invierte, dependiendo del tipo de producto que se adquiera, se asume mayor o menor riesgo.

- **Riesgo de contrapartida:** riesgo que se produce cuando una de las partes implicadas en un contrato no puede hacer frente a las obligaciones asumidas por motivos de liquidez o insolvencia, entre otros.

- **Tenedor:** persona física o jurídica que posee de manera legal un título o valor financiero y tiene la capacidad de tomar decisiones respecto a él por medio de su disposición o venta en el mercado.

- **Tipo de interés:** comúnmente denominado *precio del dinero*, es el precio que se paga por utilizar el dinero. Es la cantidad de dinero, expresada en porcentaje y generalmente en términos anuales, que un deudor debe pagar a un acreedor como retribución por el capital recibido a crédito. Puede referirse, por ejemplo, tanto al coste de un crédito o préstamo como al rendimiento obtenido por un depósito o un título de renta fija. Desde el punto de vista de la política monetaria del Estado, un tipo de interés alto incentiva el ahorro y un interés bajo fomenta el consumo, por lo que las autoridades monetarias intervienen sobre los tipos de interés con el fin de promover el crecimiento económico y la estabilidad financiera.

- **Tipo fijo:** se mantiene el mismo tipo de interés a lo largo de la vida del producto financiero.

- **Tipo variable:** el tipo de interés puede fluctuar a lo largo de la vida del producto financiero en función de un indicador de referencia, normalmente el euríbor.

- **Valor añadido de un gestor o alfa:** mide la rentabilidad positiva o negativa, explicada únicamente por la labor del gestor o asesor y no por la evolución que haya tenido su respectivo mercado. En ocasiones este supuesto valor añadido puede enmascarar exposiciones de riesgo (endeudamiento, inversiones diferentes al universo de inversión y estilos de gestión diferentes al índice de referencia), también conocidas como *betas exóticas,* que, si no son correctamente identificadas, pueden conducir a confusión entre el talento y los riesgos ocultos.

- **Valor intrínseco de un activo (precio teórico):** valor que se obtiene teniendo en cuenta todos los componentes que rodean un activo, incluyendo los tangibles e intangibles. El valor de un activo puede diferir del precio del mismo activo.

- **Volatilidad:** medida de la frecuencia e intensidad con las que varía el precio de un activo. Generalmente se toma como referencia un valor medio a partir del cual se evalúan las variaciones respecto a ese valor. También conocida como *desviación estándar típica,* mide cuánto se ha desviado la rentabilidad de un activo respecto a su media histórica; así, cuando la volatilidad es alta, indica que las rentabilidades han experimentado fuertes variaciones y, si es baja, refleja que han sido más estables en el tiempo.

NOTAS

Agradecimientos

1. Para terceros.

Introducción

1. https://www.un.org/es/global-issues/big-data-for-sustainable-development#:~:text=El%20volumen%20de%20datos%20en,del%20314%25%20respecto%20a%202015

Capítulo 3

1. El rebalanceo es un proceso de ajuste de las carteras financieras donde mediante una serie de operaciones se adecua la composición de las clases de activos en los que la cartera está invertida para mantener el rumbo elegido y evitar que las fuerzas del mercado alejen las inversiones del destino fijado.
2. Montier, J. (2010). *The little book of behavioral investing: how not to be your worst enemy.* John Wiley & Sons.
3. Nevins, D. (2004). «Goals-based investing: integrating traditional and behavioral finance». *Journal of Wealth Management,* vol. 6, núm. 4.
4. Bogle, J. C. (2007). *The little book of common sense investing.* John Wiley & Sons Inc.

Capítulo 5

1. MARKOWITZ, H. (1952). «Portfolio selection». *The Journal of Finance,* MTP Modern Portfolio Theory.

Capítulo 6

1. NEVINS, D. (2004). «Goals-based investing: integrating traditional and behavioral finance». *Journal of Wealth Management,* vol. 6, núm. 4.
2. CHHABRA, A. y ZAHAROFF, L. (2001). «Setting an asset allocation strategy by balancing personal and market risks». *The Journal of Wealth Management,* invierno, pp. 30-33.

Capítulo 7

1. HENSL, C. R.; EZRA, D. D. y ILKIW, J. H. (1991). «The importance of the asset allocation decision». *Financial Analysts Journal,* vol. 47, núm. 4 (julio/agosto), pp. 65-72.
2. FARBER, GILLET y SZAFARZ (2006). «A General Formula for the WACC». International Journal of Business, vol. 11, núm. 2.

Capítulo 8

1. Es decir, que el precio de los activos no se vea comprometido por buscar esa liquidez en el mercado.
2. https://www.inegi.org.mx/temas/dn/#:~:text=Demograf%C3%ADa%20de%20los%20Negocios%202019%2D2021.,mueren%20145%20y%20nacen%2081
3. https://www.eleconomista.es/economia/noticias/11869719/07/22/El-60-de-las-empresas-espanolas-no-alcanza-los-cinco-anos-de-vida.html

Capítulo 9

1. IBBOTSON R. G. y KAPLAN P. D. (2000). *Does asset allocation explain 40 percent, 90 percent, or 100 percent of performance?* Association for Investment Management and Research.
2. https://web.stanford.edu/~wfsharpe/art/active/active.htm
3. SPIVA (2021). *Active Funds vs. Their Benchmark.* U. S. Equity, S & P Dow Jones Indices LLC.

4. IBBOTSON R. G. y KAPLAN P. D. (2000). *Does asset allocation explain 40 percent, 90 percent, or 100 percent of performance?* Association for Investment Management and Research.
5. BOGLE, J. C. (2007). *The little book of common sense investing.* John Wiley & Sons Inc.

Capítulo 10

1. SHARPE, W. F. (1964). «Capital Asset Prices: A Theory of Market Equilibrium under Conditions of Risk». *The Journal of Finance.*

Capítulo 12

1. XING HONG y MEYER-BRAUNS P. (2021). *Portfolio Rebalancing: Tradeoffs and decisions.* SSRN.
2. VANGUARD RESEARCH (2015). *Best practices for portfolio rebalancing.*

Capítulo 14

1. La disminución continua de las tarifas de los fondos es una victoria para los inversores *(Fund fees' continued decline is a win for investors),* Morningstar.

Capítulo 15

1. Directiva (UE) 2015/849, del Parlamento Europeo. Estos controles y revisiones se replican en prácticamente todos los países del mundo.
2. Hace referencia a la Directiva Europea de Mercados Financieros, conocida como MiFID.

Capítulo 16

1. KAHNEMAN D. (2013). *Thinking, fast and slow,* y DURÁN Borja (2021). *Gestión del patrimonio familiar.* LID editorial. cap. 13.
2. Hace referencia a cuando Ulises se ató al mástil del barco para no verse tentado por las espectaculares sirenas, que en realidad eran monstruos.